Japanische Gärten

Umgeben von Schönheit

und Schweigen,

erfüllte mich heitere Stille.

Basho

Yoko Kawaguchi

Japanische Gärten

Inspiration und Gestaltung

DUMONT

Für Kiyoshi und Junko Kawaguchi und Simon Rees.

Inhalt

Einleitung

In der ganzen Welt fühlen sich Menschen zu japanischen Gärten hingezogen, denn dort begegnen sie einer einmaligen Atmosphäre der Stille. Japanische Gärten sind der reinen Heiterkeit natürlicher Landschaften nachempfunden. Die tiefe Ruhe dieser Gärten entspringt einer zurückhaltenden, fast schon minimalistischen Gestaltung aller Gartenelemente einschließlich der Bepflanzung.

Ein Garten im japanischen Stil soll ein Ort des Friedens und der stillen Kontemplation sein. Die entscheidenden Stilmittel heißen Zurückhaltung, Ordnung, Harmonie und rechtes Maß. Der japanische Garten ist Ausdruck der Liebe zur belebten Natur, des Wissens um die an den Jahreszeiten ablesbare Vergänglichkeit und zugleich eine inspirierte Vision des Ewigen.

Vom bescheidensten Binnengarten bis zum großartigsten Park laden alle japanischen Gärten dazu ein, in Muße ihre zeitlose Schönheit zu genießen.

vorige Seite: *Die „Kasuga"-Laterne wacht über das Teehaus in einer verborgenen Senke des „Tatton Park" in Cheshire.*

gegenüber: *Geneigte Felsen wirken dynamisch: Sie spiegeln hier auch die Form der einheimischen Fichten, die den von Terry Welch entworfenen Trockengarten in Seattle, Washington, säumen.*

Japanische Gärten wurden im Westen erstmals in der zweiten Hälfte des 19. Jahrhunderts beliebt. Ihre Popularität war Teil einer fünfzig Jahre währenden Begeisterung für alles Japanische, die mit der Öffnung des Landes in Europa und den USA ausgelöst wurde. Davor hatte sich Japan streng vom Rest der Welt abgeschottet – bis auf ein kurzes Zwischenspiel im 17. Jahrhundert, nach welchem lediglich eine kleine Gruppe chinesischer und holländischer

oben: *Die runden Kuppen der dicht bewaldeten Berge am See kontrastieren die strenge Eleganz des Fujiyama. Seit Jahrhunderten bemühen sich japanische Gärtner, die geschwungenen Linien und sanften Rundungen der japanischen Landschaft nachzubilden. Das zinnoberrote Torii-Tor markiert den Eingang zu einem Shinto-Schrein.*

Händler weiter auf einer kleinen Insel vor Nagasaki Handel hatte treiben dürfen. Die holländische Ostindien-Kompanie schickte Porzellan sowie Lackschatullen und -schränke nach Europa und man kannte von Japan wenig mehr als die Blumen, Vögel, Landschaften und Inseln jener Lackmalereien.

Noch vor den japanischen Gärten beflügelten vielmehr chinesische Gärten die Phantasie der Europäer, die bereits an chinesischen Motiven auf Porzellan, Mobiliar und Stoffen Geschmack gefunden hatten. Erste Augenzeugenberichte entfachten in der zweiten Hälfte des 18. Jahrhunderts eine Leidenschaft für pseudo-chinesische Gartenhäuser. Rasch verbreitete sich diese Modewelle von England aus über Frankreich und andere europäische Länder. Pavillons und Pagoden ersetzten die seinerzeit in englischen Landschaftsgärten üblichen klassizistischen Tempel. Den Europäern erschienen chinesische Gärten als idyllische Lustgärten für gelangweilte Damen und Herren, die sich dort amüsierten, Wein tranken und musizierten. Nachdem erste Reisende aus eigener Anschauung berichten konnten, dass es den chinesischen Gärten an jener Symmetrie mangele, die europäische Gärten damals auszeichnete (in Europa dominierte noch der französische Klassizismus), wurde diese offenbare Freizügigkeit von all jenen begrüßt, die nur darauf warteten, die französischen Traditionen endlich abzuschütteln. Abwechslungsreichtum galt als Zauber des chinesischen Gartenstils. Sir William Chambers (1723-96), der die chinesische Pagode und andere Gebäude der „Kew Gardens" entwarf, befand, der Stil von Lancelot „Capability" Brown (1715-83), dem großen englischen Landschaftsgärtner des 18. Jahrhunderts, gehe zu weit in Richtung einer „natürlichen" offenen Landschaft. Chambers schlug in seiner *Dissertation on Oriental Gardening* (1772) eine stärkere Betonung der Konturen, eine zwanglosere, vielfältigere Bepflanzung, besonders mit blühenden Sträuchern, und die Einbeziehung von Gebäuden vor. Sein Ton suggerierte, derartiges entspräche dem chinesischen Geschmack.

Vorurteile über den verschwenderischen, sinnlichen Fernen Osten verzerrten auch die Wahrnehmung japanischer Gärten. Sie galten als ebenso künstlich wie die chinesischen, und selbst wenn Chambers meinte, sorgsam eingesetzte Künstlichkeit könne die Gartenarchitektur bereichern, wurden japanische Gärten oft als manieriert und affektiert empfunden. Anderen japanischen Künsten blieben solch skeptische Reaktionen erspart. Nach der Öffnung Japans wurden mehr Wandschirme, Fächer, Seidenstoffe und Holzschnitte exportiert als je zuvor,

rechts: *Ein Wasserfall schimmert durch das Frühlingskleid der Kamelien und Kirschblüten hindurch. Die sauber geschnittene Hecke im Vordergrund hebt die klare, elegante Form und die Höhe des Kirschbaums hervor. Verzichten Sie bei hochstämmigen Bäumen wie Indischem Flieder oder Scheinkamelie und bei Azaleenarten wie* Rhododendron reticulatum *und* R. quinquefolium *auf dichte Unterpflanzung – dann werden sie zum Blickfang.*

und sie verfehlten nicht ihre Wirkung: Während Maler mit unbekannten japanischen Techniken experimentierten, bedienten Händler die Nachfrage der Briten und Franzosen nach exotischen Kunstgegenständen. 1875 eröffnete Arthur Lasenby Liberty in London sein erstes Geschäft, das japanische Seide anbot. Auf Londoner und Pariser Bühnen wurden bald Opern und Operetten mit japanischen Themen inszeniert, darunter Camille Saint-Saëns *La Princesse jaune* (1872) und Gilberts und Sullivans *Der Mikado* (1885). Beiden geriet Japan zum Märchenland, obgleich Gilbert etwa zur Zeit der Proben für *Mikado* auf einer Ausstellung in Knightsbridge tatsächlich ein japanisches Dorf besuchte. Dort gab es japanische Handwerker, Tänzer, Musiker und Akrobaten und einen Garten mit Teehaus und Geishas zu sehen, die Gilbert fotografierte.

Japanbilder

Zahlreiche literarische Quellen boten Stoff für die Bühne. Zwischen 1870 und 1890 erschienen etliche Reiseberichte erster wagemutiger Japanbesucher. Die bald folgenden Romane erzählten häufig Liebesgeschichten zwischen japanischen Frauen und europäischen Männern, die in einem dekadenten, sinnlichen Japan spielten. Pierre Lotis *Madame Chrysanthème* (1888), das seine Erfahrungen als Schiffsoffizier in Nagasaki verarbeitet, schrieb André Messager 1893 zur Oper um. Beide beeinflussten Giacomo Puccinis *Madame Butterfly* (1904). Lotis Held erwartet, in Japan dünne Papierhäuser in grünen Gärten voller Blumen vorzufinden. Er hält zwar nichts von der Kultur, freut sich aber doch darauf, seiner Vorstellung von Japan in der Wirklichkeit zu begegnen. Nach einiger Zeit schlagen seine Vorurteile in eine tiefe Ablehnung dessen um, was er als japanische Künstlichkeit auffasst. Lotis Roman hat das Bild von Miniaturgärten mit missgestalteten Pinien, winzigen Brücken und kleinen Wasserfällen verbreitet – einer Kunstlandschaft, in der Kindfrauen mit Schmetterlingsärmeln unter geschwungenen Teehausdächern umherflattern.

Ein weiteres im Westen verbreitetes Klischee war das blumenüberladene Japan. Ein großer Londoner Bühnenerfolg gegen Ende des 19. Jahrhunderts war die extravagante Operette *Die Geisha*, uraufgeführt 1896 im Daly's Theatre. Der Vorhang hob sich zu einem Bühnenbild mit dem Teehaus der Zehntausend Freuden und auf der roten Bogenbrücke eines Karpfenteiches posierenden Geishas. Im ersten Akt sollten Blumen das „Japanische" der Szenerie beschreiben. Üppig rankte Blauregen vom Teehausdach (obwohl er in Japan nie an Gebäuden wächst). Im zweiten Akt übersäten Chrysanthemen die Bühne, die erst viel später im Jahr blühen (obwohl zwischen den Akten keine Zeit vergangen war). Japanischen Gärten haftete eine schwüle Vorstellung von Blüten und mannbaren jungen Frauen an. Im letzten Akt von *Madame Butterfly* streut die Titelheldin mit ihrer Dienerin Suzuki zur Begrüßung ihres amerikanischen Ehemannes Pinkerton tanzend Kirsch- und Pfirsichblüten, Veilchen, Jasmin, Rosen, Lilien, Eisenkraut und Tuberosen um das Haus.

Um die gleiche Zeit wurde es bei den begüterten Gartenbesitzern Mode, in einer Ecke ihres Anwesens japanische Gärten anzulegen. Im späten 18. Jahrhundert hatte der schwedische Arzt und Botaniker Carl Pehr Thunberg (1743-1825), der mit den Holländern nach Japan gereist war, japanische Pflanzen nach Europa gebracht, u. a. Ahornarten, Sagopalmen und die gefüllte Kerrie. Viele weitere Spezies, darunter die einfache Kerrie, viele Azaleen, den Graskalmus (*Acorus gramineus*), die Funkie (*Hosta plantaginea*) und die panaschierte Aukube (*Aucuba japonica*) führte der deutsche Arzt und Naturforscher Philipp Franz von Siebold (1796-1866) in Europa ein, der ebenfalls einige Zeit auf der Handelsstation der holländischen Ostindien-Kompanie in Nagasaki verbracht hatte. Thunberg und von Siebold veröffentlichten Bücher

über japanische Pflanzen und Reiseberichte. Zwischen der Öffnung Japans und dem Ersten Weltkrieg reisten noch etliche andere Pflanzensammler nach Japan, u. a. die Briten Robert Fortune (1813-80), James Gould Veitch (1839-70) und E. H. Wilson (1876-1930), der Russe Carl Johann Maximowitsch (1827-91) sowie der Amerikaner David Fairchild (1869-1954). Dieser blieb besonders wegen seiner Begeisterung für Zierkirschen in Erinnerung, denn diese hatte dazu geführt, dass in der Hauptstadt Washinghton die Ufer des Potomac mit japanischen Blütenkirschen bepflanzt wurden. Umgekehrt schickte er Jungpflanzen des amerikanischen Blumenhartriegels nach Tokio. Dieser Baum ist in Japan noch immer sehr beliebt.

Heimkehrende Diplomaten zählten zu den ersten, die in Großbritannien japanische Gärten anlegten. Einer davon war der Großvater der Schriftstellerin Nancy Mitford, A. B. Freeman-Mitford (1837-1916), ab 1902 Baron Redesdale. Nach der Veröffentlichung von *Tales of Old Japan* (1871) pflanzte er in Batsford-Park, Gloucestershire, fünfzig Arten und Unterarten von frosthartem Bambus, die er in *The Bamboo Garden* (1896) beschreibt. Um die Jahrhundertwende schuf Louis Greville (1856-1941) auf dem Anwesen Heale House, Wiltshire, einen Garten japanischen Stils mit strohgedecktem Teehaus und zinnoberroter Brücke. Josiah Conders Bücher über japanische Gartenkunst waren bereits erschienen. Der Architekt, der in Japan westliche Häuser entwarf, schrieb dort zwei Gartenbücher: *The Flowers of Japan and the Art of Floral Arrangement* (1891) und *Landscape Gardening in Japan* (1843). Letzteres bot westlichen Lesern weitere Vorbilder für Brücken, Steinlaternen, Felsen und beschnittene Kiefern.

Seit fast einhundert Jahren war die ursprüngliche chinesische Bonsai-Kunst, die Kunst, Zwergbäume in flachen Schalen zu ziehen, bekannt. 1872 veranstaltete Liverpool zu Ehren des japanischen Botschafters

links: *Kontrastierende Herbstfarben im „Batsford Park", Gloucestershire. Die schirmförmige* Prunus hillieri *‚Spire' (hinten rechts) breitet sich schützend über das Sommerhaus, der unregelmäßiger geformte* Acer rubrum *vermittelt zwischen der Baumgruppe und dem Wald dahinter, und der leuchtende* Acer palmatum *‚Osakazuki', der die Form des* Prunus *aufnimmt, gibt der Gruppe Zusammenhalt.*

unten: *Japanische Kiefern und Fächerahorne sind in Japan nicht nur als Bonsais, sondern auch als Gartenbäume äußerst beliebt.*
Ein Formbaum im Garten verfolgt das gleiche Ziel wie ein Bonsai: Die Form des Baumes wird veredelt, um seine verborgene Schönheit zu offenbaren. Der Fächerahorn im Bild gehört zur var. heptalobum*-Gruppe mit den klassischen siebenfach gelappten Blättern.*

unten: *Der rechte Teil des Wasserfalls fällt sprühend herab, der linke schäumt über Felsstufen.*

und seiner Kollegen eine Bonsai-Ausstellung. In den ersten beiden Jahrzehnten des 20. Jahrhunderts erreichte die Beliebtheit der japanischen Gartenkunst ihren Höhepunkt – im Großen wie im Kleinen: Es gab eine stetige Nachfrage nach Bonsai-Bäumen, und

Gärtner aus Japan gestalteten die Gärten der Reichen, denn bei der Oberschicht des edwardianischen England waren japanische Gärten groß in Mode. Zu den am schönsten erhaltenen Beispielen aus dieser Zeit zählen Tatton Park (Cheshire), Cottered bei Buntingford (Hertfordshire) und Tully bei Kildare (das heute auch den „Irish National Stud" beherbergt). Mount Ephraim bei Faversham (Kent) besitzt einen japanischen Trockenlandschaftsgarten am Hang. Coombe Wood bei Kingston (Surrey) liegt auf dem Grundstück von James Veitchs Baumschule. Ursprünglich wurden dort Pflanzen verkauft, die Veitch selbst, sein Sohn John Gould und E. H. Wilson gesammelt hatten. Der Garten, der noch viele Pflanzungen von Veitch enthält, umfasst nun auch den im japanischen Stil gehaltenen Nachbargarten mit seinem besonders schönen Wassergarten. Iford Manor bei Bradford-on-Avon (Wiltshire), ehemaliger Sitz des Architekten und Landschaftsgärtners Harold Peto (1854-1933), der auch Heale House, Iford, gestaltete, hatte ebenfalls einen japanischen Garten, der jetzt restauriert wird. Beliebtestes Gestaltungselement japanischer Gärten in Europa war offenbar das Wasser. Teiche in naturalistischer Umgebung spielten bei der Motivwahl so unterschiedlicher Künstler wie dem Impressionisten Claude Monet (1840-1926) und E. A. Hornel (1864-1933) aus der Künstlergruppe „The Glasgow Boys" eine bedeutende Rolle – beide waren begeisterte Gärtner.

Miniaturlandschaften

Die japanische Kunst, Felsgruppen im Garten zu arrangieren, war westlichen Gärtnern zunächst weniger leicht zugänglich. In den letzten dreißig Jahren wuchs jedoch das Interesse an östlichen Religionen, wodurch schließlich auch der esoterische Aspekt japanischer Gärten, vor allem auch die Zen-Tradition, in den Blick rückte. Die Felsgruppierung eines Zen-Steingartens kann die Lehre Buddhas symbolisieren, die Meditation unterstützen oder einfach Dauer und Stabilität veranschaulichen. Es mag seltsam erscheinen, doch zwischen den strengen, abstrakten Zen-Steingärten und den lieblichen Teichgärten gibt es eine deutliche Verbindung, die sich wie ein roter Faden durch die gesamte zwölfhundertjährige Tradition japanischer Gartenkunst zieht: Es ist die Liebe zu den verschiedenen Landschaften der japanischen Inseln – zu Bergen mit Kiefernwäldern und Bambusgehölz, Tälern mit goldenen Reisfeldern, im offenen Meer verstreuten Inseln, der weich auf glitzerndem Sand auslaufenden oder an die Felsküste schlagenden Brandung. Und es ist auch die Liebe zu den Jahreszeiten, die im dort herrschenden gemäßigten Seeklima deutlich ausgeprägt sind: Im Winter gibt es Frost und Schnee, im Frühjahr hellen Sonnenschein, in den Regenmonaten wasserglänzende Blätter, im Sommer flirrende Hitze, im Herbst den klaren blauen Himmel.

All das findet sich in japanischen Gärten wieder. Seit frühester Zeit bildeten formale Gärten die Berge, Wälder und Wasserfälle, Teiche, Flüsse und das offene Grasland der Naturlandschaften nach. Im Gegensatz zur blütenumrankten Gartenlaube weben japanische Gärten aller Stilrichtungen ihre Muster in tiefen Grüntönen, hervorgehoben durch weißen Kies und graugrüne Felsen. Blühende Bäume, Sträucher, Stauden und einjährige Blumen sowie Beeren tragende und panaschierte Pflanzen werden sehr sparsam eingesetzt. Auch Laub werfende Bäume, selbst aus der bunten Palette des berühmten Fächerahorns, werden mit Zurückhaltung verwendet. Nur wenige, ausgesuchte, gezielt platzierte Pflanzen dieser Art verkünden im Garten den Wechsel der Jahreszeiten. Das bedeutet, dass japanische Gärten im Winter keine Auszeit haben, denn Felsen, Sand und erzogene Immergrüne und Nadelgewächse verändern sich nicht. Es gibt im Winter keine kahlen Beete, einfach weil in den traditionellen Gärten keine Beete oder Rabatten im westlichen Sinne vorkommen.

Das bedeutet aber nicht, dass Japaner keine passionierten Pflanzenzüchter wären. Die unzähligen Farben und Muster, die das genetische Roulette der Natur hervorzubringen vermag, faszinieren sie genauso wie die Menschen andernorts: Zahllose preisgekrönte Sorten der Strauchpäonie, Trichterwinde, Chrysantheme und neuerlich auch der Orchideenart *Calanthe* wurden begeistert verhätschelt und gepflegt. Im 18. Jahrhundert waren panaschierte Kamelien und Mandarinorangen (*Citrus tachibana*) äußerst begehrt, vergleichbar der Tulpenbegeisterung, die Europa im 19. Jahrhundert erfasste. Chrysanthemen wurden mit dem gleichen Wettbewerbsstolz präsentiert wie in Nordengland Aurikeln und Nelken. Das hat aber nichts mit der traditionellen Gartenkunst zu tun. Prächtige Sorten

unten: *Die sanft gewellte Gartenlandschaft dieses Teichgartens in San Marino, Kalifornien, entspricht dem japanischen Ideal.*

von *Iris ensata* z. B. werden oft im Topf gezogen und nicht in den Garten ausgepflanzt, damit man die großen, schönen Blüten besser aus der Nähe betrachten und bewundern kann.

Man kommt dem Geist japanischer Gärten wohl am nächsten, wenn man darauf verzichtet, rote Brücken, Teehäuser und die beliebten Wasserfälle in Europa nachzubilden oder Ahorn und Rhododendron dort zu pflanzen, wo sie nicht gedeihen. Statt dessen sollte man lieber versuchen, eine regionale Landschaft nachzubilden, die man liebt, in Schottland z. B. mit Heidekraut. Die Kunst besteht nicht darin, ein fremdes Land zu kopieren, sondern sich unaufdringlich der grundlegenden Stilmittel zu bedienen, die japanischen Gärten ihre charakteristische Ruhe und Heiterkeit verleihen. Ziel ist dabei immer eine gepflegte Atmosphäre der Stille, die Mittel sind strenge Schlichtheit und die Betonung von Form und Raum.

Wechselnde Gartenstile

Japan hat überwiegend sauren Boden, was die Palette der Gartenpflanzen stark einschränkt. Es überwiegen einheimische Arten. Einige, wie die Strauchpäonie und Zierpfirsiche und -äpfel, kamen in alter Zeit als Kostbarkeiten aus China herüber, andere wurden im 17. und 18. Jahrhundert als Heilpflanzen aus China importiert. Auch einige wenige Pflanzen aus Europa und Amerika, besonders Ginster und Blumenhartriegel, erfreuen sich in Japan dauernder Beliebtheit. Japaner bezeichnen ihre Gärten zwar als naturalistisch, aber es handelt sich dabei nicht um Wald- oder Wildgärten. Sorgfältig ausgewählte Pflanzen und Steine verkörpern in veredelter Form den Geist der regionalen Landschaft, so dass er für jedermann sichtbar und erfahrbar wird.

Mit immer neuen Pflanzen aus Übersee verändern sich auch in Japan die Gartenstile. Heute sind Gärten im englischen Stil mit Lavendel und altmodischen Rosen gefragt, obwohl beiden Pflanzen das feuchte japanische Klima nicht gut bekommt. Immer weniger Häuser werden auf traditionelle Weise aus Holz, Flechtwerk und Lehm gebaut. In den modernen Häusern aus vorgefertigten Materialien liegen keine dicken Strohmatten, sondern Teppiche. Statt der mit Reispapier bespannten Schiebetüren gibt es Vorhänge. Über 1200 Jahre lang schauten Japaner, auf Bodenkissen sitzend, von makellos polierten Veranden in den Garten. In den letzten fünfzig Jahren haben sich die Gewohnheiten verwestlicht. Viele Wohnzimmer sind mit Sofas und Couchtischen möbliert, und man blickt durch eine Fensterscheibe oder Hoftür in den Garten. Architektur- und Designstile entwickeln und verändern sich. Japanische Gärten sind heller geworden: Weniger dunkle Immergrüne, mehr Rasen und auch mehr Blumen. Die Tradition erinnert uns jedoch daran, dass Gärten auch eine tiefere Bedeutung haben können. Lernen Sie die fremden Techniken und Grundideen der traditionellen japanischen Gartenkunst kennen, und lassen Sie sich davon zu eigenen neuen Möglichkeiten inspirieren.

Die Tradition der japanischen Gartenkunst reicht 1400 Jahre zurück. Zwar änderte sich im Laufe der Zeit die gesellschaftliche Funktion der Gärten und damit entwickelten sich auch neue Stilrichtungen, doch die Grundlagen blieben erstaunlich unverändert. Immer wurde die natürliche Landschaft auf ihre Grundelemente reduziert, um das Wesen der Natur und der Zeit besser verstehen zu lernen. Oft werden Gärten von Generation zu Generation vererbt wie kostbare Bonsai-Bäume. Sie transzendieren Zeiten und Moden. In ihnen kommt eine zeitlose Schönheit zum Ausdruck, die den Erben dieser Gartenkunst Frieden schenkt.

gegenüber: *Dieser Schweizer Garten scheint sich bis zum Horizont zu erstrecken, begrenzt nur vom Himmel und der grauen Silhouette ferner Berge. Dem Max-Koch-Garten gelingt ein nahtloser Übergang zwischen dem intimen, mit* Iris laevigata *bepflanzten Wassergarten und dem Panoramablick über den See. Der leicht erhabene Holzsteg ist die ideale Aussichtsplattform. Das natürliche Material von Steg und Brücke wahrt den Gesamteindruck des Gartens.*

ERSTES KAPITEL

Traditionelle japanische Gärten

Die ältesten Beschreibungen japanischer Gärten lassen sich in Gedichten des 7. Jahrhunderts finden. So weiß man, dass in den Gärten der Adligen bereits in der damaligen Zeit Teiche, Inseln und Brücken zu den charakteristischen Elementen zählten und malerische Felsufer für Abwechslung sorgten.

Japanische Gärten entsprangen von Beginn an einer sehr selbstbewussten Kultur, die sich in der Nähe des Hauses naturalistische Gartenlandschaften schuf und darin zugleich immer auch die Erinnerung an die raue Natur und die ungezähmte Wildnis genoss.

Der Teichgarten

rechts: *Das zinnoberrote Tor kontrastiert großartig mit dem blauen Himmel Kaliforniens. Dieser Garten in San Francisco kombiniert Mammutbäume mit traditionell beschnittenen Kiefern. Die niedrigen Formbäume und -sträucher am Abhang erzeugen die Illusion einer dichten Bepflanzung. Das flache Ufer eines weniger formellen Gartens kann man mit einer einzigen Strauchart in Trauerform bepflanzen, z. B. mit Buschklee (*Lespedeza-*Arten), der im Herbst winzige purpurrosa Schmetterlingsblüten trägt.*

vorige Seite: *Die dekorative naturfarbene Brücke passt gut in die Waldumgebung. Zugleich sorgen schön beschnittene immergrüne Sträucher für den formalen Akzent, den eine solche Brücke braucht. Mittelgroße Kiefern, Prachtglocken und hohe immergrüne Sträucher lassen sich gut mit niederliegendem Wacholder am Ufer kombinieren. Nadelhölzer wie* Taxus cuspidata *und* Juniperus chinensis *haben viele Zwergformen, die dafür in Frage kommen. Bäume und Sträucher werden sorgsam beschnitten, damit sie ihre Form behalten.*

Die Entscheidung für eine bestimmte Gartenlandschaft hing stark davon ab, wie die Menschen ihr Land wahrnahmen. Teiche mit Inseln darin entsprachen ihrem Selbstverständnis als Inselvolk. Teichgärten spielten im Leben der Adligen eine noch größere Rolle, nachdem der kaiserliche Hof Ende des 8. Jahrhunderts nach Kyoto übergesiedelt war. Da es in dieser Gegend viele Quellen gab und auch mehrere klare Flüsse von den dicht bewaldeten Bergen im Norden, Osten und Westen der Stadt in das breite Tal herabströmten, überrascht es kaum, dass Teiche in den Gärten eine größere Rolle spielten als jemals zuvor. Etwa zeitgleich mit dem ersten kaiserlichen Palast in Kyoto entstand südlich des Palastbezirks um eine heilige Quelle herum auch ein Garten. Nach und nach wurde dort ein großer Teich mit einer heiligen Insel angelegt, auf der sich ein weiterer Palast erhob. Dieses kaiserliche Vorbild wurde später in den Gärten der Adligen häufig imitiert.

In den folgenden vier Jahrhunderten erlebte in diesen Gartenpalästen eine hochkultivierte Gesellschaft ihre Blüte. Die Dame Murasaki Shikibu, die Ende des 10., Anfang des 11. Jahrhunderts lebte, porträtierte in ihrem Roman *Genji Monogatari* das von hoher Empfindsamkeit geprägte Leben des Adels. Sie beschreibt das ästhetische Zartgefühl gegenüber der Natur, wenn auch im Rahmen der Konventionen ihrer Zeit. Das höfische Leben kreiste um ein streng geregeltes Kalendarium aus minutiösen Ritualen und großartigen Zeremonien, das auch einen herbstlichen Ausflug in die umliegenden Berge zu einer großen förmlichen Veranstaltung werden ließ. Dabei vergnügte sich der Adel mit dem Sammeln von Wildblumen, die dann zu Hause im Garten wieder eingepflanzt wurden. Auch Pilgerreisen zu entfernten Tempeln boten den Adligen die seltene Gelegenheit, die Grenzen der Stadt zu verlassen. Unterwegs konnten sie kurze Ausblicke auf weiße Strände, windbewegte Kiefern und das Meer erhaschen, und es waren diese Landschaften, die sie auf Gemälden und in ihren Gärten wiederfinden wollten.

Der typische Palast war nach Süden ausgerichtet. Davor erstreckte sich eine freie Sandfläche, ein Zeremonialplatz, an den sich einige verstreute Pflanzungen anschließen konnten, gefolgt von einem großen See, den ein Graben speiste – so angelegt, dass er an einer Ecke des Anwesens ein-

trat und unter mehreren Korridoren des Palastes hindurch floss. Felsen gestalteten diesen Zustrom zum plätschernden Bach. Die Ufer wurden zu sanften Hügeln aufgeworfen. Dort fanden die in den Bergen gesammelten Wildblumen ihren Platz: Ballonblumen, Funkien, gelber Baldrian und Buschklee.

Der Adel von Kyoto schätzte die weich geschwungenen Berge der Umgebung. Doch auch der Vergangenheit wurde gedacht, etwa in Gestalt jener perfekt kuppelförmigen Berge um die alten Hauptstädte Nara und Asuka herum, die schon in den ältesten japanischen Gedichten besungen wurden. Diese „weiblichen"

oben: *Die Trauerweide wurde geschickt so platziert, dass sie sich gut im Wasser spiegelt. Auch Fächerahorn wird gern dafür eingesetzt.*

Berge haben nichts mit den gefährlichen, zerklüfteten Gebirgen weiter im Osten gemein, die nach Japans Westöffnung im 19. Jahrhundert Japanische Alpen getauft wurden.

Auch die weißen, glitzernden Strände, die einst die Bucht von Osaka säumten, wurden in diesen großartigen Gärten nachgebildet. Als Kontrast gab es oft Felsstrände, um auch den wilderen Aspekten der Natur Ausdruck zu verleihen. Der Teich hatte bis zu drei mit Brücken verbundene Inseln. Bei höfischen Festen gaben sie die ideale Bühne für Musikanten ab, die aber auch von vergoldeten, bemalten Booten aus vortrugen. Von der Palastveranda aus konnten die Gäste sie bewundern, wenn sie zwischen den Kiefern der Inseln erschienen oder den näher kommenden Klängen lauschen, die sich mit den Booten auch wieder entfernten. Eine weitere Aussicht auf den Garten bot ein offener Raum direkt am Teich, den ein langer Korridor mit dem Haus verband. Dort oder auf einem separaten Steg konnten elegante Prinzen mit ihren Damen an heißen Sommertagen an den kühlenden See treten.

Tempel und Palastgärten

Leider blieb keiner dieser Palastgärten über die Jahrhunderte auch nur annähernd in seiner ursprünglichen Gestalt erhalten. Es gibt aber auch die Teichgärten buddhistischer Klöster, die – da sie eine Vorstellung des Paradieses beschwören sollten, in dem der Buddha weilt – Paradiesgärten genannt werden. Die Haupthalle des Tempels ist mit Blick auf den Teich gebaut. Von dort aus schaut die Buddhastatue heiter über ihr stilles Refugium, wo der heilige Lotos blüht.

Im 12. Jahrhundert verlagerte sich die politische Macht auf die Kriegerkasten und damit entwickelten sich auch Baustile, die den provinziellen, ja bäuerlichen Hintergrund vieler dieser neuen Kriegsherren widerspiegelten. Einige der Mächtigsten wurden im späteren Leben Buddhisten, und so fanden Elemente der Klosterarchitektur auch Eingang in viele ihrer neuen Paläste und Landhäuser. Oft verloren die Gärten den freien Zeremonialplatz mit gefegtem Sand, der bisher das Haus vom Teich abgeteilt hatte. Felsen wurden dominanter in der Gartenlandschaft. Einsam aus den Teichen aufragende Felsen identifizierte man zunehmend mit heiligen Bergen der buddhistischen und chinesischen Mythologie. Wege wurden angelegt, damit man die Gärten aus verschiedenen Perspektiven betrachten konnte und es entstand der Wandelgarten.

Wasser, Gebäude, Felsen, Moos, Bäume und Sträucher, alle spielten ihre Rolle in der Gesamtwirkung dieser hochkomplexen Gartenanlagen. Die Entwicklung des Teegartens im 16. und 17. Jahrhundert brachte rasch neue Einflüsse in die Wandelgärten, und was bei den Teegärten still und bescheiden war, wurde nun großartig und ehrgeizig. Etwa um diese Zeit entstanden die berühmten kaiserlichen Palastgärten von Katsura und Shugakuin bei Kyoto. Im Garten von Katsura verbinden gewundene Trittsteinpfade, Wege und Brücken fünf große und kleine Inseln. An einer Stelle ragt eine Landzunge aus Kieseln in den See, deren Spitze eine runde Steinlaterne auf einem aufragenden Felsen wie ein Miniaturleuchtturm ziert. Die Landzunge stellt eine berühmte Landschaft an der Küste des Japanischen Meeres dar: „Ama-no-Hashidate", die „Himmelsbrücke". Der Weg durch den Garten fällt ab in schattige Täler und steigt wieder an zu einem eleganten Pass mit einer bescheidenen Bergherberge. Die Anlage vereint nicht nur verschiedene Landschaften in Miniaturform, sondern Katsura ist auch ein Teegarten, der Gäste zu einem der sieben Teehäuser führt. Alle Elemente eines wohlgestalteten Teegartens sind vorhanden: Wartehütten für Gespräche, Steinlaternen an den Wegen und Wasserschöpfbecken für die rituelle Händewaschung. Der Palast selbst steht erhaben in der

links: *Die stehenden Felsen in einem Birkenwald mit weichem Moosteppich sehen uralt aus. Es ist diese zeitlose Schönheit, die japanische Garten anstreben, aber dazu gehört etwas Geduld. Sicher ist es ein ganz eigenes Vergnügen, einen Garten für spätere Generationen zu planen.*

unten: *Azaleen und Japanische Prachtiris blühen gemeinsam im Ostgarten des Kaiserpalastes in Kyoto. Die lockeren Trupps der in sumpfigen Boden gesetzten Schwertlilien kontrastieren schön mit den formgeschnittenen Azaleen.*

Mitte einer offenen Rasenfläche. Von strenger Schlichtheit fügt er sich mit klaren, kraftvollen Linien als weitere eindrucksvolle Form in den Garten ein.

In den zwei Jahrhunderten nach diesem Höhepunkt japanischer Gartenkunst blieb der Wandelgarten das Statussymbol des Hochadels und sein teuerstes Vergnügen; die Anlage kunstvoller Wandelgärten wurde als ein Zeichen der Friedfertigkeit erwartet. Auf

diese Weise stellte der höchste Militärherrscher, der Shogun in Edo (Tokio), auch sicher, dass seinen Vasallen nie genug Geld übrig blieb, um einen erfolgreichen Aufstand zu organisieren. Die Tradition erstarrte jedoch und wandelte sich mit der Zeit mehr und mehr zu einem strengen Formalismus, bis schließlich die gesamte Kultur der Kriegerkaste zusammenbrach, als die Japaner Mitte des 19. Jahrhunderts gezwungen waren, dem Westen die Tore zu öffnen.

gegenüber: *Sträucher wie Lavendelheide, Japanische Stechpalme und Azaleen passen sehr gut in Spalten zwischen kantige Felsen, die sie zugleich auflockern. Sie dürfen aber nicht zu groß werden, denn sie sollen die Felsen ergänzen und nicht dominieren.*

Künstliche Hügel

Im Westen nehmen Gärtner oft viele Mühen auf sich, um den Garten für eine Rasenfläche zu ebnen. In Japan lehren die Handbücher wie man ein ebenes Gelände mit sanften Tälern und Höhen belebt, damit der Garten Raum und Tiefe gewinnt. Wird ein kleiner Teich oder See angelegt, eignet sich der Aushub ideal zum Aufschütten kleiner Hügel.

Japanische Gärten werden nicht dicht bepflanzt. Die Gärten von Kyoto hatten auch weite, ganz offene Flächen. Ein Hügel soll nicht vollständig unter Sträuchern oder Stauden verschwinden, sondern auch freie Partien zeigen. Eine Felsgruppe auf halber Höhe mit einigen Azaleen oder einem ausladenden Wacholder sind genug der Zier. Als Bodendecker kommt Verschiedenes in Frage: Der horstige Schlangenbart (*Ophiopogon*) hebt sich mit seinen grasartigen Blättern gut von bemoostem Hintergrund ab; große Partien Heckenpflanzen mit niedrigem Formschnitt – Azaleen oder Bambus – kontrastieren hervorragend mit freien Rasenflächen. Größere Hügel eignen sich für ein Arrangement aus höheren Bäumen. Soll eine bewaldete Berglandschaft nachgeahmt werden, können Bäume verschiedener Höhe und Sträucher mit rundem Formschnitt den Eindruck von wogendem Grün erzeugen.

Auf flachem Gelände kann man einen Wald mit Bäumen einer einzigen Art darstellen. Entfernt man nicht nur die unteren Zweige, sondern auch das Unterholz bis auf wenige ausdauernde Waldpflanzen, die den Blick führen sollen, entsteht zugleich der Eindruck von Weite. Ein weiterer Kunstgriff: Setzen Sie einen hohen Strauch oder Baum in die Nähe des wichtigsten Fluchtpunkts. In Japan ist dafür die Duftblüte *Osmanthus fragrans* f. *aurantiacus* beliebt, die im Herbst süß duftende, orangefarbene Blütenrispen trägt. So kommt man in den Genuss des Gefühls, von üppiger Vegetation umgeben zu sein, ohne dabei den Garten zu überfrachten. Pflanzt man ausschließlich hochstämmige Bäume, wird die Vertikale auf natürliche Weise betont. Gerät das Gleichgewicht des Gartens dadurch in Gefahr, können ein niedriger, formschöner Strauch, ein Steinbecken oder eine Laterne helfen, dem Arrangement wieder mehr Stabilität zu verleihen.

Für einen künstlichen Hügel wird der Boden zuerst mindestens 30 cm tief umgebrochen, um die feste Deckschicht aufzulockern. Dann wird die neue Erde in 30 cm hohen Schichten aufgetragen, die jeweils sorgfältig festgeklopft werden müssen. Markieren Sie die gewünschte Höhe in der Hügelmitte mit einer Schnur. Geben Sie aber ruhig etwas zu, denn wenn sich die Erde setzt, sinkt der Hügel ein wenig zusammen. Seine Neigung sollte etwa 35-45° betragen. Glätten Sie zuletzt die Oberfläche und bepflanzen den Hügel zur Befestigung mit geeigneten Bodendeckern.

Teichgärten anlegen

Der große Wandelgarten: Einen großen Garten kann man als abwechslungsreiche Landschaft mit flachen Hügeln und einem Teich mit Inseln und Brücken gestalten. Doch neben den Proportionen ist vor allem entscheidend, welche Stimmung erzeugt werden soll. Um einen Eindruck von Offenheit zu bewahren, empfiehlt sich eine einfache Felsinsel, vielleicht mit einer einzelnen Kiefer. So bleibt das gegenüberliegende Ufer, das keine dichte Bepflanzung, sondern einen schlicht gehaltenen Kiesstrand haben sollte, vollständig sichtbar. Ein dicht bepflanzter Garten dagegen würde eine Insel im gleichen Stil erfordern, die mehr Farbe haben müsste und vielleicht auch bemalte Brücken.

Dieser Gartentyp hat etwas mit den großen englischen Landschaftsgärten des 18. Jahrhunderts gemein. Da hier eine Idee der Natur, eine Vorstellung, zum Ausdruck kommen soll, ist es besser, auf hochgezüchtete Pflanzen, insbesondere Sträucher mit Blüten in kräftigen Modefarben, zu verzichten und sich auch mit panaschiertem Blattwerk zurückzuhalten. Am rechten Platz können ein oder zwei Pflanzen dieser Art als Blickfang dienen oder auch Licht in die dunkleren Ecken eines Gartens bringen, aber im Übermaß würden sie die Gesamtwirkung schmälern und davon ablenken. Das gilt ebenso für Bäume und Sträucher mit bronzefarbenem Laub, die viel zu früh den Herbst in den Garten Einzug halten lassen, wenn man sie nicht in reichlich üppiges Grün einbettet.

Ein japanischer Garten dieser Art lässt sich leicht in einen großen Landschaftsgarten westlichen Stils integrieren. In anderen japanischen Gärten spielen Zäune und Mauern eine wichtige Rolle, aber Wandelgärten sind dem Landschaftsgarten so eng verwandt, dass eine deutliche Abgrenzung des japanischen Teils hier nur unnötig stören würde. Die Attraktion eines japanischen Gartens besteht darin, ein besonderer Ort zu sein, und diese Eigenschaft wird jeder Garten in einem fremdländischen Stil kraft seiner selbst entfalten. Dieser besondere Ort muss nicht von einer Mauer definiert werden. Um den japanischen Garten in einer größeren Anlage wirkungsvoll zur Geltung zu bringen, ist die Wahl der Platzierung entscheidend: etwa in einer versteckten Senke, wo ein geheimnisvoller Teich genau das Richtige wäre. Eine pilzförmige Laterne aus grobem Naturstein könnte darauf

rechts: *Zierbrücken wie diese dienen im Garten als Blickfang und sind der geeignete Platz für die schönsten Solitärbäume. Ein hoher, laubreicher Baum am Fuß der Brücke genügt, um ihr Schatten zu spenden. Trauerweiden und Fächerahorn sind in Japan die Favoriten, aber auch hohe Blütensträucher wie Japanischer Blumenhartriegel und Judasbaum oder vertraute Baumarten wie Hainbuche (*Carpinus betulus*) und Erlen sind gute Alternativen. Weitere Bäume und Sträucher sollten nach Größe gestaffelt passend dazu ausgewählt werden.*

hinweisen, doch man kann Besucher auch an ganz unerwarteter Stelle mit einem freien Blick auf das Gelände überraschen. Japan ist ein dicht bewaldetes Land mit vielen sanften Flüssen und stillen Bergseen, und genau diese vertraute Umgebung wollen japanische Gärten einfangen.

Überall auf der Welt fühlen sich Menschen von der friedvollen, ja spirituellen Atmosphäre japanischer Gärten angezogen. Diese Wirkung lässt sich kaum nur bestimmten religiösen Artefakten zurechnen wie etwa einer Buddhastatue oder einem Torii, dem Tor zu einem Shinto-Schrein, das aus zwei Pfosten, einem Querbalken und einem Türsturz besteht. Vielmehr entsteht die Wirkung aus dem gelungenen Zusammenspiel aller Einzelelemente des Gartens. Der Schlüssel zum Verständnis japanischer Spiritualität liegt in ebendiesem Sinn für einen heiligen Ort, der von der Weltlichkeit des Alltags abgetrennt und deutlich unterschieden ist. Eine Insel in der Teichmitte, aber auch ein Zen-Steingarten und selbst ein Teegarten können zu solch heiligen Orten werden, ja sogar ein Binnengarten mitten in einem Geschäftsgebäude oder ein abgezäunter Gartenbereich hinter dem Haus. Durch Ausschluss der äußeren Welt fördert der Garten die Konzentration und die Erweiterung des Bewusstseins. Heilige Orte sind dem Westen keineswegs

oben: *Ein feiner, weißer Kiesstrand am Teich ist das verkleinerte Abbild eines weiten, glitzernd weißen Meeresstrandes mit windbewegten Fichten. Hier wurden Felsen, Steine und Kies verschiedener Größe, Struktur und Farbe sehr effektvoll dazu verwendet, das Wasser tiefer erscheinen zu lassen. Felsen und große Steine wirken massiver und beständiger, wenn sie, wie in Japan üblich, in den Boden eingebettet sind. Diesen Garten in Weybridge, Sussex, entwarfen Peter Chan und Brenda Sacoor.*

fremd. Überall in Europa gibt es heilige Bäume, Felsen und Quellen. In ihnen kommt die Ehrfurcht zum Ausdruck, die die Natur als Ganzes in uns hervorzurufen vermag.

Ein Torii-Tor markiert den heiligen Bezirk eines Shinto-Schreins. Ob es angemessen ist, es in einen westlichen Garten zu stellen, bleibt fraglich. Selbst rein ästhetisch betrachtet braucht ein originalgroßes Torii eigentlich einen Schrein, der seine auffällige Erscheinung ausgleicht. Vor allem aber ist es ein Tor, und Tore führen irgendwo hin. Auf einer Insel jedoch könnte ein unaufdringliches, kleineres Torii-Tor die Heiligkeit des Ortes signalisieren. Die akzeptable Alternative ist ein kleiner Hausschrein wie er in vielen traditionellen japanischen Gärten zu finden war: nicht höher als 90 cm und mit einem zinnoberroten Torii davor. Es kann jedoch nicht deutlich genug betont werden, dass diese Schreine Objekte der Verehrung sind, ebenso wie Buddhastatuen. An alten japanischen Straßen sieht man oft in den Fels gemeißelte Boddhisattvas, die ebenfalls heilig sind. Auch sie werden verehrt und von der lokalen Bevölkerung im allgemeinen liebevoll gepflegt.

Der kleine Teichgarten: Ein Teich und noch dazu ein Hügel sind vielleicht zu viel für einen kleinen Garten, aber die verschiedenen traditionellen Gartenstile bieten noch andere Möglichkeiten. Den größten Teil des Gartens kann z. B. ein vorzugsweise flacher Teich einnehmen, dessen Ufer mit sehr niedrigen Bodendeckern bepflanzt sind – Moos oder Schlangenbart, dazwischen *Liriope* oder Farn, niedrigwüchsige schattentolerante Sträucher mit Beerenschmuck, wie die Spitzblume (*Ardisia japonica*), die Aukube oder die etwas höhere Duftblüte *Osmanthus heterophyllus*, sowie einige Bäume, deren untere Äste sorgsam entfernt wurden. Sie bilden dann ein schönes Kronendach. Eine ganz andere Atmosphäre entsteht, wenn man die Uferzonen dicht mit rund beschnittenen Azaleensträuchern besetzt und einige Ahornbäume, beschnittene Kiefern und Felsen, eventuell auch noch eine Laterne, beigibt. Diese Art der Bepflanzung wirkt am besten, wenn das Gartengrundstück nach hinten ansteigt und man so den Eindruck bewaldeter Berge gewinnt.

Experimentieren Sie mit verschieden hohen Pflanzen. Der Kontrast zwischen niedrigen Bodendeckern und einer breiten Reihe Formsträuchern, z. B. Azaleen, dem Zwergbambus *Sasa veitchii* oder der Glanzmispel (einer Immergrünen mit hübschen roten Knospen), die sich auf der hinteren Hügelseite fortsetzt, kann sehr attraktiv sein. Der Eindruck von Weite entsteht auch, wenn man einen Baum auf die Rückseite des Hügels pflanzt, so dass er vom Haus aus nur teilweise sichtbar ist. So scheint der Garten größer – nur außer Sichtweite – zu sein. Gartenelemente teilweise zu verdecken – einen Baum, einen Wasserfall oder eine Steinlaterne – ist ein beliebter Kunstgriff in japanischen Gärten. Ein kleiner Garten wirkt dadurch größer und außerdem wird auch die Phantasie der Besucher angeregt. Ein nur halb sichtbarer Baum oder Strauch gilt als sehr reizvoll. Eine zu dichte Be-

gegenüber: *Der Moosfarn* Selaginella kraussiana *ist eine gute Alternative zu Moos, und da er zur Abteilung der Farnpflanzen gehort, passt er gut zu den echten Farnen, die in feuchtem Boden sehr üppig gedeihen. Der aus dem Teich ragende Felsen erinnert an einen Karpfen, der seinen Kopf aus dem Wasser reckt – eine in japanischen Gartenteichen gern verwendete Felsenform.*

oben: *Der rustikale Zuweg, gesäumt von einem besonders schlichten Bambuszaun, dem „Yatsume", erinnert an ein Bergkloster. Auch die kontrastierenden Farben und Strukturen von Kies, Rindenmulch, Moos und dem schwarzblättrigen* Ophiopogon planiscapus *‚Nigrescens' tragen ihren Teil zur zurückhaltenden Atmosphäre stiller Würde bei, die diesen Garten in Washington charakterisiert.*

rechts: *In dieser Stadtwohnung der Familie Iwasa, einer der Priesterfamilien, die am alten Kamigano-Schrein in Kyoto dienen, öffnen sich die Schiebetüren zu einem Blick auf einen Teichgarten.*
Teiche, Bäche und Gräben können auch dicht am Haus gebaut werden, solange sie die Grundmauern nicht beschädigen. Da der Fußboden traditioneller japanischer Häuser 45 cm über dem Erdboden liegt, kann man vom Zimmer aus gut über den Teich schauen.
Azaleen mit Formschnitt, Japanische Stechpalme und Felsen im Vordergrund führen den Blick langsam zum Teich hinunter. Auf der gegenüberliegenden Seite steigt sein Ufer steil an. Ein Felsen, so platziert, dass er vom Zimmer aus auf Augenhöhe steht, erzeugt den Eindruck von räumlicher Tiefe und Distanz.

pflanzung mit verschiedenen Stauden und Sträuchern verschenkt diese Wirkung.

Ein Hanggrundstück eignet sich vorzüglich für einen mäandernden Bach, dessen Lauf im tiefer gelegenen Teil des Gartens einige Bäume begleiten können. So bleibt dicht am Haus ein Stück frei, das man mit Trittsteinen, einer Laterne oder Felsen, Farnbüscheln, einer Zimmeraralie oder niedrigen Sträuchern schmücken kann. Ausdauernde Stauden wie die *Astilbe* mit zarten rosa Blütenrispen und schön kontrastierenden dunkelgrünen Blättern und *Filipendula purpurea* mit hübschen federigen Blüten, eignen sich gut für einen kleinen Bach. Zum stillen Wasser von Teichen und Becken passen zarte, nickende Blüten wie die der *Begonia grandis* ssp. *evansiana*.

Traditionelle japanische Häuser hatten schon immer eine sehr breite Veranda, von der aus papierbespannte Schiebetüren zu den Zimmern führten. Den Garten konnte man von der Veranda aus oder bei geöffneten Schiebetüren von den Zimmern aus in seiner ganzen Breite genießen. Dieselbe Wirkung haben auch Glaswände, die ebenfalls die Trennung von Haus und Garten zurücknehmen. Hat man keine Veranda, so kann man eine über den Garten erhabene Holzterrasse bauen, um in einen ähnlichen Genuss zu kommen. Japanische Häuser werden auch heute noch aufgeständert, um das Holz in den feuchten Sommern gut zu belüfteten. Traditionell diente ein großer Stein an der Veranda als Stufe in den Garten, doch Holzstufen erfüllen einen ähnlichen Zweck. Eine Holzterrasse wäre auch ein Ort für Geselligkeiten, der traditionellen japanischen Gärten fehlt.

Pflanzen für verschiedene Standorte

Für den Rand eines großen Gartens: *Cryptomeria japonica* (Sicheltanne), *Tsuga sieboldii* (Schierlingstanne).

Solitärbäume für einen Hügel: Kiefern, *Podocarpus macrophyllus* (Steineibe), *Diospyros kaki* (Kakipflaume), *Chamaecyparis obtusa* (Feuer-Scheinzypresse), *Ilex crenata* (Japanische Stechpalme), *I. integra, Taxus cuspidata* var. *nana* (Japanische Eibe, Zwergform), *Ternstroemia gymnanthera, Sciadopitys verticillata* (Schirmtanne), *Magnolia grandiflora*.

Als Ergänzung oder Inselbepflanzung: *Pinus parviflora* (Mädchenkiefer), *Ilex crenata, Taxus cuspidata* var. *nana, Ilex integra*.

Unterpflanzung für Solitärbäume: *Selaginella tamariscina* (Moosfarn), *Farfugium japonicum, Pieris japonica* (Japanische Lavendelheide).

Unterpflanzung für Laub werfende Bäume: *Erythronium japonicum* (Hundszahn), *Tricyrtis hirta* (Krötenlilie).

Trauergehölze für Teichufer: Kiefern, *Podocarpus macrophyllus, Juniperus chinensis* (China-Wacholder), *Taxus cuspidata* var. *nana*, Trauerformen von Weiden- und Kirschenarten.

Am Teichufer: *Albizia julibrissin* (Seidenfädenalbizzie), Fächerahorn, *Taxus cuspidata* var. *nana, Ilex serrata* (Siebolds Stechpalme), *Juniperus chinensis, Hydrangea spp.* (Hortensien), *Malus floribunda* (Vielblütiger Apfel), *Euonymus alatus* (Flügel-Spindelstrauch), *Corylopsis pauciflora* (Scheinhasel), *Rhododendron reticulatum* (Netzadrige Azalee) und andere Arten, *Callicarpa japonica* (Japanische Schönfrucht), *Spirea thunbergii* (Frühlings-Spiere), Wildstauden: *Reineckea carnea, Cypripedium japonicum* (Frauenschuh), *Equisetum hyemale* (Winterschachtelhalm).

Vor einem Wasserfall: Immergrüne, Fächerahorn, Trauerweide.

Oberhalb eines Wasserfalls: Eichen, *Osmanthus fragrans* f. *aurantiacus* (Duftblüte), *Ilex integra*, Immergrüne (aber keine Nadelbäume).

Flussabwärts: *Acorus gramineus* (Graskalmus), *Pieris japonica, Equisetum hyemale, Eurya japonica, Iris ensata* (Japanische Prachtiris), *I. laevigata* (Chinesische Sumpfschwertlilie).

Zur Teich- und Bachuferbefestigung: *Acorus gramineus*.

An Brücken: Trauerweide, Fächerahorn.

Für die Ostseite eines Gartens in Südlage: Schöne immergrüne Bäume und Sträucher, z. B. Kiefern, *Tsuga sieboldii, Cryptomeria japonica, Ternstroemia gymnanthera*.

Für die Westseite eines Gartens in Südlage: Blühende Sträucher, Fächerahorn, Zierkirschen, *Prunus mume* (Japanische Aprikose).

Auf einer Böschung: *Juniperus chinensis, Lespedeza* spp. (Buschklee), *Spiraea cantoniensis* (Kanton-Spiere), Azaleen, *Ophiopogon japonicus* (Schlangenbart).

Zwischen Bäumen am Hang: Bambusarten wie *Sasa veitchii* (Zwergbambus) und *Shibataea kumasasa, Iris japonica* (Schwertlilie).

Wildblumen als Unterpflanzung für Sträucher und kleine Bäume: *Platycodon grandiflorus* (Ballonblume), *Hosta spp.* (Funkien), *Ajuga nipponensis* (Günsel), *Cymbidium goeringii, Ardisia japonica* (Spitzblume).

gegenüber: *Im 9. und 10. Jahrhundert hatten die Häuser der Adligen in Kyoto Zimmer über dem Gartenteich. In diesem Garten erfüllt eine Holzveranda als Aussichtsplattform über dem Teich eine ganz ähnliche Funktion. Hohe Hecken am gegenüberliegenden Ufer lassen den eigentlich recht kleinen Teich großzügiger wirken.*

Der Trockenlandschaftsgarten

Bereits im 14. Jahrhundert legten buddhistische Mönche, darunter einige bedeutende Zen-Meister, Tempelgärten mit Felsgruppen an, die verschiedene Lehren des Zen und buddhistische Inhalte darstellten. Diese frühen Felsarrangements standen auf den weich geschwungenen Hängen der Hügel von Teichgärten. Die Gärten waren noch nicht völlig trocken wie die strengen Kompositionen aus Stein und Sand späterer Epochen, sondern schlossen häufig Teiche oder Quellen mit ein und waren üppig grün. Obgleich die Felsen symbolische Bedeutung hatten, sollte es doch so aussehen, als seien sie von Natur aus dort an ihrem Platz.

Trockenlandschaftsgärten mit Felsen wurden zunehmend beliebter – vor allem bei den Tempeln, die keine so gute Wasserversorgung hatten –, bis es im 17. Jahrhundert eine Reform der Tempelordnung gab. Danach benötigte man die Südgärten gegenüber der Meditationshalle der Abtresidenz nicht mehr für wichtige religiöse Rituale. Sie wurden in ebene Trockengärten umgewandelt, in denen der ursprüngliche Untergrund aus weißem Sand oder Kies dominierte. In diesen neuen Gärten gab es manchmal Moos, Sträucher und Kiefern, aber kein Wasser. Berge und Flüsse, die immer wichtige Bestandteile traditioneller Gärten gewesen waren, wurden jetzt von abstrakten, ruhenden Formen repräsentiert: Felsgruppierungen deuteten Wasserfälle an, stilisierte Muster aus geharktem Sand die Strömung. Die Gärten wurden wirklich trocken. Sie entsprachen perfekt der Lehre des Zen. Die abstrakten Formen unterstützten die geistige Übung und die Meditation über Zeit und Ewigkeit, Wandel und Dauer.

rechts: *Einheimische amerikanische Tannen bilden den Hintergrund des Trockenlandschaftsgartens im Japanischen Garten von Portland, Oregon. Am Rand stehen die traditionellen, rund beschnittenen Azaleen. In den feinen weißen Kies sind Wellenmuster geharkt. Ein flacher Felsen stützt die Vorstellung, die Kiesfläche sei ein See.*

gegenüber: *Der im 17. Jahrhundert angelegte Garten des Tempels Ryoan-ji in Kyoto ist vielleicht der berühmteste und zugleich rätselhafteste aller Zen-Steingärten. Weniger zur Abstraktion neigende Gartenkenner späterer Zeiten glaubten, er stelle eine Tigerin dar, die ihre Jungen vor einem Panther schützt, doch die wahre Interpretation bleibt jedem Betrachter selbst vorbehalten.*

Diese ebenen, rechteckigen Gärten, oft deutlich mit einem Zaun, einer Lehmziegelmauer oder einer hohen Hecke markiert (und von der Außenwelt abgeschlossen), sollten das ewig Unvergängliche zum Ausdruck bringen. Die Atmosphäre des Außerweltlichen, die auch anderen japanischen Gartentypen eigen ist, wird hier von jener Mauer betont, die fast immer die Gärten umschließt. Sie sind darauf angelegt, von der Klosterveranda aus betrachtet zu werden. Niemand betritt den Garten, außer um ihn zu rechen. Nichts ist dem Zufall überlassen. Flach und breit erstreckt er sich über die ganze Länge der größten Halle der Abtresidenz, und wenn alle Schiebetüren geöffnet sind, ist er vollständig sichtbar und wird ein integraler Bestandteil der Klosterräume. Gibt es Bäume und Sträucher, werden sie streng beschnitten, damit sie immer dieselbe Form behalten. Hübsche runde Azaleensträucher symbolisieren die

Vollkommenheit oder die um den Erleuchteten versammelten Schüler Buddhas, den ein massiver Fels in ihrer Mitte repräsentiert.

Daisen-in, ein Nebentempel des Zen-Tempels Daikotu-ji in Kyoto, besitzt einen der kunstvollsten symbolischen Steingärten. Das Felsarrangement stellt einen von einem riesigen Berg stürzenden Wasserfall dar. Unten spannt sich eine Felsbrücke über eine wilde Schlucht. Ein Sandstreifen verkörpert den schmalen Bergbach, der sich mühsam zwischen den Felsen hindurch windet, bis er sich schließlich zu einem Fluss weitet, auf dem ein bootförmiger Stein schwimmt. Zwei hohe Felsstücke auf jeder Seite des Wasserfalls repräsentieren Berggipfel – nicht die sanften Berge Japans, sondern die zerklüfteten, steilen Berge der chinesischen Rollbilder der Sung-Periode (960-1279). Diese Kunstform verbreitete sich auch in Japan und war besonders bei Zen-Meistern

umseitig: *Trockengärten mit Pflanzen als Küsten und Inseln lassen sich auch auf kleinstem Raum unterbringen. Beschränken Sie die Bepflanzung auf ein Minimum. Geeignete Bäume sind Fächerahorn, Kiefern und die in Zen-Gärten häufige Scheinkamelie. In noch kleinere Gärten passen Blattpflanzen, Farne, Azaleen und niedrige Bambusarten.*

beliebt, denen die Kalligraphie sowohl als meditative Disziplin wie als Kunstform galt. Zur gleichen Zeit identifizierte man den rechten Felsen mit Fudo-myoo (in Sanskrit: Acala), dem buddhistischen Feuergott, der alles Böse bestraft, und den linken mit Kannon, der Göttin der Barmherzigkeit. Da der Tempel einer buddhistischen Zen-Sekte gehört, gibt es ebenso einen flachen Felsen, der ein Meditationskissen darstellt. Man findet auch einen Schildkröten- und einen Kranichfelsen. Beide Tiere sind Glückssymbole des chinesischen Taoismus, der im 4. und 5. Jahrhundert zusammen mit dem Buddhismus nach Japan kam. Es hieß, der Berg der ewigen Jugend, wo die heiligen, unsterblich gewordenen Weisen lebten und auf dem Rücken der Kraniche umherreisten, ruhe auf fünfzehn Schildkröten.

In den Gärten von Zuhio-in, einem anderen Nebentempel des Daitoku-ji, finden sich Bildelemente einer ganz anderen Religion. Der Tempel wurde von einem Kriegsherrn gegründet, der später zum Christentum übertrat (das der Jesuitenpater Franz Xaver Mitte des 16. Jahrhunderts nach Japan brachte). In einem der Innenhöfe steht eine „Oribe"-Laterne aus dem 17. Jahrhundert, deren Wölbungen am Schaft unter der Leuchtkammer ihr vage Ähnlichkeit mit einem Kreuz geben. Die zarte, eingemeißelte Figur auf dem halb in den Boden versenkten Schaft soll die Jungfrau Maria darstellen. Einer der Zuhio-in-Gärten aus dem 20. Jahrhundert enthält eine Steingruppe, die man traditionell als Berg der ewigen Jugend, die heilige Wohnstätte der chinesischen Weisen, interpretieren kann. Die Steingruppe erinnert aber ebenso an die Bergpredigt des Matthäusevangeliums.

Einige Gärten entfernten sich immer weiter von der symbolischen Darstellung. Sie wurden immer strenger und abstrakter, bis schließlich nur noch Sand, Steine und etwas Moos übrig waren. Das beste Beispiel dieses Typs bietet der Tempel Ryoan-ji in Kyoto. In dem 12 m breiten und 24 m langen Garten gibt es insgesamt fünfzehn Felsen in fünf Gruppen: eine Fünfer-, zwei Zweier- und zwei Dreiergruppen. Geharkter Sand deutet zwar Wasser an, doch die Felsgruppierungen muss die betrachtende Person letztlich für sich selbst interpretieren – eine Meditationsaufgabe, die durchaus beabsichtigt ist. Der Steingarten von Ryoan-ji ist bestechend schlicht. Er gibt sein Geheimnis nicht so leicht preis. Vollendet abstrakt und esoterisch wie kein anderer japanischer Gartenstil beruht die Wirkung einer solchen Komposition vollständig auf der Qualität jedes einzelnen Felsens – seiner Schönheit und seiner Form.

oben: *Fein gerechter Kies oder überlappend angeordnete, glatte Kiesel wirken wie ein strömender Bach.*
Dieser Weg am Tempel Ryoan-ji in Kyoto ist als Bachbett gestaltet. Zwei Steinplatten überbrücken ein echtes Gewässer.

links: *Der Kies eines Steingartens muss nicht weiß sein, aber es ist schwieriger, mit dunkleren Farben schöne Hell-Dunkel-Kontraste zu erzeugen. Dieser von Jeff Mendoza entworfene Dachgarten in New York setzt kalte graublaue Töne in Gegensatz zu hellem Grün. Die Mädchenkiefer in Eckposition verbindet mit ihren blaugrünen Nadeln beide Farbthemen.*

oben: *Große flache Grundsteine verfallener Tempelgebäude waren geschätzt und wurden in Trockengärten und Teegärten wieder verwendet. In einem Zen-Tempel symbolisierte eine dieser runden Platten Vollkommenheit und Ganzheit – und erinnerte zugleich an den Glauben früherer Generationen und den Lauf der Zeit. Hier in „Silverstream" in Weybridge erfüllen zwei halbe Steinscheiben einen ähnlichen Zweck. Ihre Glätte kontrastiert mit den zerklüfteten, stehenden Felsen. Die in den Sand geharkten konzentrischen Kreise symbolisieren die vom Mittelpunkt des Universums ausstrahlende Ruhe und Ordnung.*

unten: *Der weiße Kies hellt die Orangetöne dieses Prachtexemplars eines Fächerahorns auf. In der ‚Dissectum'-Gruppe des* Acer palmatum, *zu der dieser Baum gehört, gibt es auch bronzeblättrige Arten. Andere wechseln vom Frühjahr bis zum Herbst ständig den Farbton.*

Einen Trockengarten anlegen

Trockenlandschaftsgärten müssen nicht unbedingt eben sein. Felsgruppen können auf „Inseln" im Sand stehen, die mit Moos oder Schlangenbart befestigte Erdhügel sind. Auf einem größeren Hügel, meist in Gestalt einer Schildkröte mit einem geneigten Felsen als Kopf und Hals und weiteren Felsen, die das Ufer bezeichnen, kann man eine Kiefer pflanzen, den Baum der Heiligen. Nicht nur Felsen kommen als Inseln in dem Meer aus Sand in Frage, sondern auch

Sträucher mit rundem Formschnitt, z. B. Azaleen und *Taxus cuspidata* var. *nana*.

Ein Fluss oder Bach aus Kies bringt Abwechslung in die Oberflächenstrukturen eines Trockengartens. Legt man sorgfältig ausgewählte Kiesel so aus, dass sie leicht überlappen wie Fischschuppen, wird die Strömung mit angedeutet. Felsplatten können als Brücken über diese imaginären Bäche führen.

Größere Landflächen lassen sich durch dicht gepflanztes Bambusgras oder kurz geschorene Sträucher, z. B. Japanische Stechpalme oder Glanzmispel, darstellen. Auch Gruppen von Wildblumen auf Moosinseln kann man in das Gartendesign integrieren. In Japan schränkt man die Artenzahl in kleinen Gärten jedoch für gewöhnlich stark ein. Zur Auflockerung des Grüns, das den Grundton des Gartens bildet, dienen vielmehr verschiedene Blattstrukturen – etwa feines Moos und die ledrigen Blätter der Kamelie – sowie geschickt platzierte Formsträucher.

Wege sind nur eine Möglichkeit, um den Garten behutsam zu gliedern. Eine weiße Kiespartie und ein Streifen Moos oder kurz geschnittenes Bambusgras ergeben einen schönen Kontrast. Eine gerade Trennlinie würde den Gegensatz betonen, doch weiche Kurven stellen einen harmonischen Bezug her. Das wirkt besonders in hügeligen Gärten hübsch. Allen japanischen Gartentypen dienen niedrige Bäume und Sträucher dazu, Teile des Gartens dem Blick zu entziehen. In ganz kleinen Gärten erfüllen niedrige Zäune und Windbrecher den gleichen Zweck.

Im Trockengarten soll sich der Bodendecker – ob Moos oder Schlangenbart, oder aber auch Thymian oder Kamille – deutlich von den Kies- oder Sandpartien absetzen. Sand und Kies müssen also sauber gehalten werden und dürfen keinen schmierigen Algenbelag haben. Den Sand abzuspülen und frisch zu rechen, ist in Zen-Tempeln Teil eines regelmäßigen Reinigungsrituals. Natürlich ist es in einem heißen Klima leichter, den Sand sauberzuhalten, als in einem feuchtkalten, aber letztendlich zählt der gute Wille.

gegenüber: *Trittsteine aus Basalt führen durch ein „Meer" aus weißem Kies zum Eingang eines Teehauses. Ein Scherenzaun im „Yarai"-Stil trennt den Hof von der Straße. Ritsurin Park in Takamatsu auf der Insel Shikoku ist einer der berühmtesten Wandelgärten, den die Feudalherren des 18. Jahrhunderts hinterließen.*

Pflanzen im Trockengarten

Es mag vielleicht paradox klingen, aber ein Trockenlandschaftsgarten muss weder auf Pflanzen noch auf Farben verzichten. Kamelien, Strauchpäonien, Japanische Aprikose (*Prunus mume*), Zierkirschen, Indischer Flieder, *Ardisia crispa* und Ziergräser wie

gegenüber: *Die quadratische Laterne ohne Schaft ist eine typische „Oki-gata". Ein sehr traditioneller, konturierter, moosbedeckter japanischer Garten wurde hier gekonnt mit einer Mauer im europäischen Landhausstil kombiniert.*

das Chinaschilf sind allesamt gut geeignet, wenn es genug regnet oder sie bei Bedarf gewässert werden. Im Frühjahr verleiht die Farbpalette der Azaleen von sanftem Rosa bis zu tiefem Purpur dem Garten lebhaften Glanz. Klar abgesetzte Partien sorgfältig ausgewählter Pflanzen – das feurige Orange der Taglilie *Hemerocallis fulva* oder das Purpur der Ballonblume (*Platycodon grandiflorus*) – können eine bestimmte Jahreszeit besonders eindringlich beschwören.

Setzen Sie Ihre Akzente bewusst, denn die von Ihnen ausgesuchten Pflanzen drücken aus, wie Sie als Gärtner die unterschiedlichen Jahreszeiten – die Kraft der Sommerhitze oder die stille Trauer des Herbstes – empfinden.

Moos pflegen

Garantiert wächst Moos mitten in Ihrem geschätzten Zierrasen, aber selten gedeiht es dort, wo der Gärtner es wünscht. Moos verträgt keine direkte Sonne, sondern nur sanftes Morgenlicht oder Halbschatten. Es braucht auch Feuchtigkeit. In Kyoto, wo es die berühmtesten Moosgärten gibt, sind nachmittägliche Regenschauer im Frühjahr und Sommer keine Seltenheit. In Gegenden, wo man sich nicht darauf verlassen kann, dass das Wetter für die nötige Feuchtigkeit sorgt, muss das Moos jeden Abend etwas gewässert werden. Verwenden Sie nie Wasser direkt aus der Leitung, denn es kann Chemikalien und Kalk enthalten. Lassen Sie das Gießwasser erst zwei bis drei Tage abstehen. Moos braucht zwar Feuchtigkeit, gedeiht aber meist nicht in staunassem Boden. Die Erde muss durchlässig, am besten sandig sein. In einem Moosgarten helfen schattige Bäume, Bambus und Hecken, den Wind abzuhalten, der die Luft austrocknet. Moos sollte vor Frost geschützt werden. Decken Sie es mit Kiefernnadeln oder Stroh ab. Dieser Winterschutz kann sogar ganz reizvoll aussehen. Sind keine traditionellen Moose verfügbar, ist Mastkraut ein guter Ersatz.

Weitere Pflanzen für Trocken- und Moosgärten

Große Heckenpflanzen und hohe Bodendecker: *Castanopsis cuspidata, Cleyera japonica, Eurya japonica*, Azaleen, *Shibataea kumasasa*.

Solitärbäume: *Pinus parviflorus, P. thunberghii* (Japanische Schwarzkiefer), *Cycas revoluta* (Palmfarn), *Stewartia pseudocamellia* (Scheinkamelie).

Hohe Hecken: *Lithocarpus edulis, Ligustrum japonicum* (Japanischer Liguster), *Quercus dentata* (Eiche), *Eurya emarginata*.

Wildstauden: Frühjahr – *Iris japonica*; Sommer – *Hemerocallis* spp.; Spätsommer – *Astilbe* spp. (Prachtspiere), *Platycodon grandiflorus, Tricyrtis hirta*; Herbst – *Anemone hupehensis* (Japananemone), *Farfugium japonicum, Aster tataricus, Liriope muscari, Physalis alkekengi*.

Bambus und Ziergräser: *Chimonobambusa quadrangularis, Phyllostachys nigra, P. sulphurea, Miscanthus sinensis*.

Bodendecker: *Ophiopogon japonicus, Saxifraga stolonifera* (Steinbrech).

Sträucher: *Eurya japonica, Citrus tachibana* (Mandarinorange), *Juniperus chinensis* var. *procumbens, Zanthoxylum piperitum* (Gelbholz), *Camellia japonica* (Kamelie), *C. sasanqua*, Zierkirschen, *Prunus mume, Forsythia suspensa, Rhododendron japonicum, R. quinquefolium, R. reticulatum*, Azaleen, *Cornus kousa* (Japanischer Blumenhartriegel), *Lagerstroemia indica, Lespedeza* spp.

Neben einem großen Pflanzkübel: *Pieris japonica, Euonymus alatus, Taxus cuspidata* var. *nana, Torreya nucifera* (Nusseibe), *Ilex serrata, Aspidistra eliator, Farfugium japonicum, Iris japonica*.

Der Teegarten

Die japanische Teezeremonie wurde zu Beginn des 15. Jahrhunderts entwickelt. Der Zen-Mönch Shoko ersann sie unter der Schirmherrschaft des höchsten Militärherrschers, des Shogun Ashikaga Yoshimasa (1436-90), zur gesellschaftlichen Unterhaltung. Das stilisierte Ritual, bei dem grüner Tee auf bestimmte Weise zubereitet und mit Gästen zusammen genossen wird, stieg dank der Begabung seiner Schüler rasch zur Kunstform auf. Besondere Bedeutung gebührt dabei Sen-no-Rikyu (16. Jahrhundert), einem Meister der ästhetischen Prinzipien von Wabi und Sabi, zu denen Schlichtheit, Ruhe, Einsamkeit und die Würde des Alters zählen. In einer Zeit großen gesellschaftlichen Aufruhrs wurde Rikyu nacheinander Teemeister bei den beiden mächtigsten und charismatischsten Kriegsherren seiner Zeit. In dem Machtkampf um Grundprinzipien, den er mit dem zweiten von ihnen führte – Toyotomi Hideyoshi (1537-98), dem es gelungen war, das gesamte feudale, von Kriegen zerrissene Japan unter seine Herrschaft zu bringen –, prägte Rikyu der Teezeremonie für alle Zeiten den Stempel seiner starken Persönlichkeit auf. Für die Teezeremonie bevorzugte er eine bescheidene, rustikale, naturverbundene Umgebung – eine direkte Herausforderung für Hideyoshi, der Macht und Reichtum gern zur Schau stellte und mit einem Teegeschirr aus purem Gold reiste. Rikyu gestaltete das Teehaus als einen einzigen, strohgedeckten Raum – nach dem Vorbild der traditionellen Waldklause buddhistischer Mönche, die der Welt entsagt hatten. Das einzige erhaltene Exemplar ist kaum größer als 1,80 m^2. Die Wände bestehen aus Stroh, gemischt mit Kuhdung. Obwohl das Teehaus neben anderen Tempelgebäuden steht, erreicht man es nur durch den Garten. Von den Gästen wurde erwartet, dass sie ihre Schwerter ablegten und, Soldaten wie Händler, beim gemeinsamen Genuss von Tee und Stille in Eintracht nebeneinander saßen.

rechts: *In Mrs. Pomeroys Garten in Kalifornien macht eine sechsseitige „Kasuga"-Laterne neben der beschnittenen Japanischen Schwarzkiefer Eindruck. Ein passendes Arrangement für den Vorgarten.*

Der Garten dient dazu, die Gäste auf die Teezeremonie einzustimmen. Als Vorraum und Zuweg zum Teehaus oder Teezimmer bietet er verschiedene Einrichtungen, die den Gästen helfen sollen, sich sowohl durch körperliche als auch geistige Reinigung auf den Teegenuss vorzubereiten. Dieser Gartentyp heißt in Japan allgemein „Durchgangsgarten" (Roji). Traditionell ist er in zwei Bereiche unterteilt – den äußeren und den inneren Garten –, die eine Hecke oder ein Zaun mit Tor voneinander trennt. Im äußeren Garten steht eine Wartehütte mit runden, gewebten Sitzmatten auf Holzbänken. Dort können Gäste ruhen oder sich unterhalten, bevor sie den Gastgeber begrüßen. Passieren sie das innere Tor,

lassen sie das chaotische Treiben des weltlichen Daseins hinter sich. Manchmal ist dieses Tor lediglich eine rechteckige Öffnung in einer Lehmmauer und die Gäste müssen sich bücken um hindurchzuschlüpfen. Es kann aber auch ein schlichtes, rustikales Holztor aus grob behauenen Balken sein, mit oder ohne Stroh- oder Ziegeldach, das an eine Waldeinsiedelei erinnern soll. Mitten in der Stadt versucht ein Teegarten tiefe Waldeinsamkeit nachzuahmen.

Ein subtiler Stimmungswechsel zwischen innerem und äußerem Garten steigert das Erlebnis eines Teegartens. Der äußere Garten kann etwas großzügiger gestaltet sein, etwa mit größeren Trittsteinen oder einer formalen sechsseitigen „Kasuga“-Steinlaterne.

oben: *Es muss nicht immer Bambus sein. Japanisches Flair mit lokalen Materialien: Schlichter Zaun im westlichen Stil mit einem japanischen Tor. (Riverwood, Portland, Oregon).*

Denkbar wären auch stark in Form, Farbe und Struktur kontrastierende Felsen, die dem äußeren Garten eine abstraktere Note verleihen als dem inneren. Die Bepflanzung der beiden Hauptbereiche sollte sich leicht unterscheiden. Im inneren Garten kann man auf einen bestimmten Typ Wald verweisen, z. B. mit Kiefern oder Ahornbäumen, was aber nicht heißt, dass er etwa einem naturalistischen westlichen Park vergleichbar wäre. Mit nur wenigen Pflanzen wird geschickt üppige Vegetation angedeutet. Auch die Anzahl der Arten bleibt auf das absolute Minimum beschränkt, das man benötigt, um den angestrebten Eindruck der Waldeinsamkeit zu erzielen. Bäume, Sträucher und Büschel von Farn und Gras werden ohne erkennbare Ordnung arrangiert, d. h. weder der Größe nach, noch zu erkennbaren Inseln oder Beeten gruppiert. Bodendecker – Moos, *Liriope*, Schlangenbart oder auch alle zusammen – bilden das Unterholz, und Trittsteine weisen einen Weg zwischen Sträuchern und Farnen hindurch. Die Bodendecker wachsen direkt bis an die Pflanzen heran. Nie werden verschiedene Sträucher in einer Gruppe zusammengewürfelt. Die Grundidee dahinter ist bei allen japanischen Gartentypen die gleiche: Die Formschönheit jeder einzelnen Pflanze soll für sich zur Geltung kommen können – und zwar nicht nur aus einer einzigen Perspektive. Der gewundene Trittsteinpfad kann zu unerwarteten Aussichten und überraschenden Entdeckungen führen.

Der Teegarten soll nicht vom Teezimmer aus betrachtet werden, auch wenn einige frühe Teemeister wagemutig Felsen und Laternen aufstellten, die nur vom Fenster des Teehauses aus zu sehen waren. Haben die Gäste den zeremoniellen Raum des Teezimmers betreten, bleibt die Außenwelt und mit ihr der Garten zurück. So, wie sich die Teezeremonie auf den Augenblick konzentriert, so bemisst auch jeder Trittstein sorgsam die Geschwindigkeit, mit der ein Gast durch den Garten wandelt, und hilft ihm so, sich auf das Hier und Jetzt einzustimmen.

Der Teegarten ist vor allem funktional: Alles soll perfekt vorbereitet sein, damit die Besucher gastfreundlich empfangen werden können, ganz natürlich und ohne ersichtliche Anstrengung. Manchmal liegen einzelne kleine Steinplatten aus, die als Brückenelemente einen Waldbach andeuten. Ein flaches Steinbecken erinnert an einen kühlen Bergquell oder Bach, an dem die Gäste niederknien müssen, um ihre Hände zu waschen und den Mund zu spülen, genau wie man es an Schreinen und Tempeln tut. Viele traditionelle Schöpfbecken sind Tröge aus Naturstein. In früherer Zeit wurden gelegentlich Bruchsteine aus Tempelruinen oder von Steinlaternen zu Becken umgearbeitet, eine Praxis, die Rikyu selbst befürwortete. Auch alte Lampen aus Tempeln und Schreinen wurden wiederverwendet, ehe die Teemeister

gegenüber: *In diesem von Marc Peter Keane entworfenen Garten führt ein Weg aus Granitplatten und Mühlsteinen zu dem bescheidenen Eingang des Teehauses, das ein Paravent aus Zedernrinde (rechts) teilweise verdeckt. Ein schmaler Stein bildet die Stufe zu dem winzigen Vorraum.*

oben: *Ein abgeflachtes Granitstück ergibt eine schöne Bank, z. B. für eine Blauregen-Pergola. Hier sieht man, dass der Stein nicht poliert ist; Holz wird aber oft lackiert, um die schöne Maserung hervorzuheben.*

begannen, sie selbst zu entwerfen. Ein geometrisch rundes Becken, basierend auf der Grundform einer Münze, oder ein quadratisches mit Buddha-Reliefs auf den Seiten, suggerierte einen einfachen Brunnen.

So wie sich die Gäste mit Wasser reinigen, reinigt der Gastgeber zuvor den Garten mit Wasser. Den abstraktesten Ausdruck gewinnt die Idee der Reinigung in dem „Zier"-Abort im inneren Garten vieler traditioneller Teegärten – meistens ein einfacher, mit Felsen und Sand ausgestatteter Raum, der nicht zum Gebrauch bestimmt ist. Wie bei so vielem im Teegarten, wurde auch hier Funktionales zum Kunstwerk verwandelt.

Dennoch gibt es keinen überflüssigen Zierrat. Teegärten sind nicht prachtvoll, sondern intim. Sie nutzen geschickt enge, ungünstig geschnittene Ecken am Haus. Da in Japan Bescheidenheit zu den Tugenden eines Gastgebers zählt, muss die Schönheit des Teegartens aus dem Zusammenspiel der einfachen, natürlichen Materialien hervorgehen. Sen-no-Rikyu suchte die Schönheit in natürlichen Formen – z. B. in Felsen, die er als Trittsteine oder Becken wählte. Die drei Sen-Teeschulen Japans, die sich jeweils von einem Enkel Sen-no-Rikyus ableiten, pflegen bis heute seine Tradition der Teezeremonie.

Einer seiner Schüler schlug einen anderen Weg ein. Anstatt sich um eine natürliche Wirkung der Gärten zu bemühen, lenkten Furuta Oribe (1543-1615) und sein Schüler Kobori Enshu (1579-1647) die Aufmerksamkeit auf ihre Kunst. Oribe entwickelte im Gegensatz zu Rikyu einen Stil, der absichtlich Künstliches, von Menschenhand Geschaffenes, in den Garten brachte. Er wollte überraschen, Erwartungen enttäuschen und Aufmerksamkeit auf die Künstlichkeit des Gartens lenken. Er forderte die Konvention heraus, indem er seine Laternen schief setzte – eine unerhörte Provokation in einem Erdbebengebiet. Er versetzte sogar riesige tote Bäume in seinen Garten und platzierte

gegenüber: *Im Zentrum von Kyoto, wo sich Häuser und Läden in einem Raster aus engen Straßen drängen, findet man die klassischen Beispiele für winzige Binnengärten.*
Spärlich fällt das Licht in diesen Garten des alten Teehaus-Restaurants Ichi-riki-tei. Es gibt einen Brunnen mit Bambusdeckel und einen kleinen Schrein. Die Laternen strukturieren den Hof. Die Bepflanzung ist streng auf Immergrüne beschränkt, die das Auge beruhigen. Alle Bäume und Sträucher haben sehr klare Formen.

sie so, dass die Gäste sie nicht übersehen konnten. Er und Enshu experimentierten mit geometrischen Elementen: Sie verwendeten behauene Steine für die Wege, anstatt sich wie Rikyu auf natürliche Felsen zu beschränken. Selbst unter den Natursteinen wählte Oribe die, die sich glatt spalten ließen und deshalb künstlich wirkten. Hatte sich Rikyu bemüht, alles aus dem Garten zu verbannen, was besondere Aufmerksamkeit auf sich ziehen konnte, gingen Oribe und Enshu so weit, die Form über die Funktion zu stellen.

oben: *Dieses traditionelle Arrangement mit Wasserschöpfbecken findet sich in Monaco. Das Becken steht auf einem Stein in der Mitte der mit Kies ausgekleideten Ablaufgrube, dem so genannten „Ozean". Auf den Felsen rechts wird eine Schale heißes Wasser gestellt. Ein Paravent im „Koetsuji"-Stil schützt die Privatsphäre.*

Charakteristischerweise wird die Oribe-Schule mit einer besonderen Laternenform identifiziert, die noch immer Oribes Namen trägt. Während er selbst sich offenbar auf keinen bestimmten Stil festlegte, taten es seine Schüler schließlich doch, hauptsächlich um ihren eigenen Stil gegen den aller anderen Teeschulen durchzusetzen, mit denen sie hart um Schüler und Anhänger konkurrierten. Frühe Teemeister hatten ausrangierte Votivlampen aus alten Tempeln und Schreinen verwendet. Die „Oribe"-Laterne hatte keinen Sockel und wurde direkt in den Boden gesteckt. Auch die deutlichen Rundungen unter der Leuchtkammer heben sie klar von den traditionellen Stilen ab. Viele Historiker glauben, die häufig in den Schaft früher Laternen gemeißelte Figur sei von den zum Christentum konvertierten Japanern mit Christus identifiziert worden und sie hätten diese vage kreuzförmigen Laternen heimlich verehrt, nachdem der Glaube 1612 verboten worden war.

Streng genommen ist ein „Roji" nur dann ein Teegarten, wenn er auch dazu dient, die Teezeremonie abzuhalten, also wenn er die Funktion erfüllt, Gäste auf die Teezeremonie vorzubereiten – wie schlicht er auch sonst sein mag. Doch auch wenn Sie kein Teemeister sind, bietet der Teegarten einen ganz eigenen Ansatz der Gartengestaltung. Anstatt die Gartenlandschaft insgesamt zu bewundern, wird ein Teegarten erst dadurch erlebt, dass man ihn bewusst Schritt für Schritt durchwandelt und nach und nach die verschiedenen Ansichten genießt, die niemals alle gleichzeitig in den Blick kommen. Außerdem ist es ein abgeschiedener Ort, den eine hohe Hecke, die traditionelle Lehmziegelmauer oder ein dichter Zaun aus Bambus bzw. aus Bambus mit Zedernrinde von der Außenwelt abschirmt. Auf seine Weise konzentriert der Teegarten im Kleinen die Freuden des viel größeren Wandelgartens. Der wesentliche Unterschied: Ein Teegarten dient immer dem Zweck, Gäste zu einem besonderen Ort zu führen – sei es eine Pergola, eine Laube oder ein Sommerhaus. Diese Erwartung der Gäste darf man nicht enttäuschen.

Einen Teegarten anlegen

Beim Entwurf eines Teegartens muss man bedenken, dass die Gäste ja nicht rasch hindurcheilen sollen. Der Platz für das Haupttor und auch für die größeren Pflanzen will genau überlegt sein, damit das letzte

Ziel – das Teehaus – nicht schon am Eingang voll in den Blick kommt. Der Garten sollte seine Geheimnisse erst nach und nach preisgeben. Es ist z. B. entscheidend, dass man von der Wartehütte im äußeren Garten aus nicht etwa den eifrig mit letzten Vorbereitungen beschäftigten Gastgeber im angrenzenden Gartenbereich sehen kann, denn das würde den Sinn der Situation völlig zerstören. Ein Gast soll auch nicht durch ein demonstrativ aufgestelltes Becken gedrängt werden, seine Hände zu waschen – vielmehr sollte es teilweise von Pflanzen oder einer kleinen Trennwand verborgen sein. Damit sich die Gäste für jeden Teil des Gartens Zeit nehmen, kann man den nächsten Gartenbereich teilweise abschirmen. Viele der berühmtesten Teegärten haben mehrere Wege. Jeder führt zu verschiedenen Bereichen des Gartens, die von Bambushecken oder -zäunen angezeigt werden. Bei einem Teegarten kommt es darauf an, all die verschiedenen Elemente zu integrieren, ohne dass er überladen wirkt. Die Herausforderung besteht darin, einen kleinen Raum viel größer wirken zu lassen.

Kies, Wege und Pflanzen

Lösen Sie sich von der westlichen Gewohnheit, Sträucher und Stauden in Beeten unterzubringen. Gartenbereiche lassen sich nicht nur mit Zäunen und Hecken voneinander abgrenzen, sondern auch mit Kies und Bodendeckern. Enshu schuf Muster in seinem Garten, indem er große Bereiche mit Kieseln in schönen Farben bedeckte und alles übrige frei und bemoost ließ. Dort pflanzte er wenige Solitärbäume: *Prunus mume* (Japanische Aprikose), Fächerahorn und Kiefern. Seine Trittsteine durchkreuzten kraftvoll beide Bereiche. Wege können einen Garten auch in einzelne Teile zerschneiden. Die Kunst besteht darin, die Wege in die Gesamtgestaltung einzubeziehen. Ein breiter Weg kann den Garten in zwei Hälften spalten, deshalb wird er in vielen japanischen Gartentypen gemieden, es sein denn, der Weg führt zu einem formalen Tor. Trittsteine jedoch können eine Kiespartie nahtlos mit einem bemoosten Bereich verbinden. Auch bei den Bodendeckern muss man sich nicht auf eine einzige Art beschränken – es ist ja kein Rasen. Moos kann durch Schlangenbart oder *Liriope* aufgelockert werden, oder Liriope durch Farn. Diese gemischte Bepflanzung ist schwieriger, wenn Gras dominieren soll.

Im Unterschied zu anderen japanischen Gärten spielen künstliche Hügel, Wasserfälle und Felsarrangements im Teegarten keine besondere Rolle. Die Bepflanzung bestimmt die Atmosphäre. Da Raum knapp ist, entsteht die Wirkung nicht durch viele dicht gesetzte Pflanzen, sondern nur durch einzelne, ausgesucht formschöne Bäume und Sträucher. Zwar kann man auch Azaleen rund beschneiden, doch meistens wählt man Pflanzen mit natürlich schönen Formen. Die Beschneidung dient eher der Pflege – verwachsene, zu dichte und schwache Zweige werden

oben: *Der Binnengarten der Familie Ban im Zentrum Kyotos ist bepflanzt wie ein Teegarten. Winterschachtelhalm schirmt das Wasserbecken ab. Eine Steinlaterne schimmert durch die aufgelockerte Bepflanzung mit Fächerahorn, Japanischer Aprikose und* Cleyera japonica *hindurch.*

entfernt. Die Schönheit japanischer Gärten lebt von den Formen, Farben und Strukturen der Natur selbst. Abstrakte Formen sind in einem Teegarten nicht so wichtig wie in einem Zen-Steingarten, wo sie die Meditation unterstützen. Oribe und Enshu vertraten andere Ansichten. Am Ende hat jede Teeschule ihre eigene ehrwürdige Tradition, doch ihre Konzepte sollen die Phantasie nur leiten, nicht festlegen.

Traditionell gesehen muss die Bepflanzung eines Teegartens vor allem den Erfordernissen der Teezeremonie entsprechen. Immer wurde mit Hilfe von Pflanzen die Lichtmenge reguliert, die in das stille Refugium des Teezimmers eindrang. Zu helles Licht gilt als Ablenkung und kann einfach unangenehm sein, aber ein düsterer, feuchter Raum ist auch nicht wünschenswert. In Ländern, die im Winter wenig Sonnenlicht bekommen, sind Laub werfende Bäume vielleicht den traditionellen Immergrünen vorzuziehen, damit alles verfügbare Licht ins Teezimmer fällt. In Japan wurden stets Immergrüne, besonders Nadelbäume bevorzugt, da sie eine dichte Abschirmung bilden. Sie waren Sen-no-Rikyus eigene Wahl. Er verbannte alles aus dem Garten, was von dem Blumenarrangement in seinem Teezimmer ablenken konnte. Einmal soll er all seine Trichterwinden umgegraben haben, um seinem Hausherrn Hideyoshi eine einzige perfekte Blüte zu zeigen.

Oribe und Enshu brachten zwar mehr Abwechslung in den Teegarten, doch auch sie waren sparsam mit blühenden und fruchttragenden Bäumen und Sträuchern. Noch heute glaubt man, dass Sträucher mit kleinen hellen, weißen oder lavendelfarbenen Blüten der zurückhaltenden Eleganz eines Teegartens am besten entsprechen, z. B. die zarteren Gartenhortensien- und Prachtglockensorten. Die Zaubernuss bildet schöne Sträucher und trägt im Spätwinter spinnenförmige gelbe oder orange Blüten. Sie kommt genau wie die vielen Fächerahornsorten mit ihren verschiedenen Blattformen und Farben als leuchtende

Herbstbotin in Frage. Rikyu harkte seinen Teegarten bereits viele Stunden, ehe die Gäste kamen: Jedes bunte Blatt, das hinterher abfiel, durfte auf dem Moos liegen bleiben. Oribe hingegen verstreute ausschließlich trockene rote Kiefernnadeln unter den Bäumen, ob es Nadelbäume waren oder nicht. Enshu übertrumpfte ihn, indem er die Kiefernnadeln auf dem Moos arrangierte.

Auch Blütenblätter – von Kirschen, Pflaumen und Kamelien – dürfen liegen bleiben wie sie fallen, denn sie regnen herab, bevor sie welken und bilden zartfarbene Teppiche auf dem Moos. Kirschen und Kamelien sind in Teegärten dagegen selten, weil sie als etwas aufdringlich gelten. Traditionell vermeidet man grell blühende Sträucher und alle seltenen, auffälligen Pflanzen, die besondere Aufmerksamkeit auf sich ziehen. Stark duftende Blüten wie Gardenien sind ebenfalls verpönt. Da ein „Roji" meist schmal ist, sind ausladende, buschige Pflanzen problematisch, weil sie bald ihren zugemessenen Platz sprengen. Sie sollten also regelmäßig zurückgeschnitten werden und auch nicht über den Weg hängen. Oft wird Moos zwischen die Trittsteine gesetzt, damit die Gäste nicht auf feuchten Blättern oder Gras ausrutschen.

Ist der Garten sehr klein, wird die Unterpflanzung stark zurückgenommen, damit er geräumiger wirkt. Unter frei stehende Bäume kann man z. B. niedrige Bodendecker wie Moos und Schlangenbart setzen. Das ausdrucksvolle Blattwerk von Funkien, *Farfugium japonicum* und der Schusterpalme sollte nicht von anderen Pflanzen beeinträchtigt werden. Behandeln Sie diese Pflanzen und auch Sträucher wie *Daphniphyllum macropodum* und *Dendropanax trifidus* als Solitärbäume: Geben Sie ihnen gerade soviel Raum, dass sie gut zur Geltung kommen. Sollen größere Bäume noch höher wirken, entfernt man die unteren Äste.

Natürlich muss es auf dem Weg geeignete Plätze geben, die den Besucher zum Verweilen einladen – etwa an einem Tor, einer Bank oder einer von einem extra großen Stein markierten Weggabelung. Weitere wichtige Stationen im Garten sind das Wasserschöpfbecken und die Teehaustür, durch die die Gäste in den Garten zurückkehren. Von all diesen Stellen aus wird der Garten betrachtet – berücksichtigen Sie das bei der Platzierung der wichtigsten Gartenelemente. Manchmal steht am Tor ein Solitärbaum – *Torreya nucifera* (Nusseibe), *Ilex integra*, *Ternstroemia gymnanthera* oder *Gingko biloba* (Gingko) – den die Gäste beim Verlassen des Gartens bewundern können. Außerdem pflanzte man auch gerne hinter dem Teehaus eine große Kiefer, die das Dach überragte und dem Garten dadurch mehr Tiefe verlieh.

Pflanzen für den Teegarten

Für Hecken: *Cleyera japonica, Eurya japonica.*

Blühende Sträucher: *Enkianthus perulatus* (Frühe Prachtglocke), *Hydrangea paniculata* (Rispen-Hortensie), *Rhaphiolepsis umbellata, Rhododendron quinquefolium, Styrax japonicum* (Storaxbaum).

Am Becken: *Nandina domestica, Pieris japonica, Eurya japonica, Aucuba japonica*, Farne, *Equisetum hyemale.*

An Steinlaternen: Beschnittene Kiefern, *Castanopsis cuspidata, Ilex crenata, I. integra, Sorbus commixta* (Eberesche), *Ternstroemia gymnanthera, Torreya nucifera.*

Wildstauden: *Saxifraga stolonifera, Disporum smilacinum, Polygonatum falcatum* (Weißwurz), *Platycodon grandiflorus, Tricyrtis hirta.*

gegenüber: *Dem Wasserschöpfbecken in einem freien, öffentlichen Bereich des Japanischen Gartens von Portland, Oregon, fehlt das traditionelle Steinarrangement. Doch die beschnittene Bergkiefer rechts und der etwas kleinere Fächerahorn links verleihen der Komposition Höhe und schaffen zusammen mit der Formhecke und dem großen Felsen im Vordergrund auf subtile Weise die angemessene Atmosphäre.*

Der Binnengarten

rechts: *Auf einem Bodenkissen sitzend gewinnt man vom Zimmer aus die richtige Perspektive auf diesen winzigen, rechtwinkligen Garten (der zum Teehaus Ichi-riki-tei im Gion-Viertel von Tokyo gehört). Wasserbecken und Schöpfkelle signalisieren Gastlichkeit. Ein kurzer Zaun mit „Teppo"-Flechtwerk (siehe auch S. 118) schirmt die linke Ecke des Gartens ab. Durch das offene Flechtwerk erhascht man einen Blick auf das, was dahinter liegt – und die nur halb sichtbare Lavendelheide suggeriert, der Garten setze sich dahinter noch fort.*

Teichgärten, Trockengärten und Teegärten sind die drei historischen Zweige der japanischen Gartentradition. Doch in Kyoto, jener Stadt, die nach wie vor das Zentrum der japanischen Gartenkunst ist, stehen die Häuser der Händler und Künstler, die Geschäfte, Lokale und Restaurants, die das Kernstück der alten Stadt bilden, dicht gedrängt. Sie haben ein oder zwei Zimmer zur Straße und sind sehr lang und schmal. Durchquert man das Labyrinth der Zimmer, stößt man auf winzige, rechteckige Innenhofgärten, grüne Oasen, die ringsum von Zimmern und Fluren umschlossen sind.

Die kleinsten von ihnen heißen Tsubo-niwa, nach einem japanischen Flächenmaß, dem etwa 3,30 m^2 entsprechen. Diese sehr intimen Gärten müssen aus der Nähe wirken, oft im Vorbeigehen, wenn man von einem Zimmer ins andere wechselt.

Ein von Zimmern und Fluren eingeschlossener Garten muss so gestaltet werden, dass er seine Wirkung aus jedem Blickwinkel entfaltet. Binnengärten sind oft auch sehr schattig. In den dicht bebauten Vierteln von Kyoto dringt nur wenig Licht in diese winzigen Gärten, auch wenn sie sonst den Elementen ausgesetzt sind und Regen erhalten. Sie sind ideal für jene Lieblingskomponente aller japanischen Gärten – das Moos. Wo kein Moos gedeihen will, dient Schlangenbart als Bodendecker. Andere Schatten liebende Pflanzen wie die Aukube *Aucuba japonica* oder die Zimmeraralie können z. B. bemooste Steinlaternen oder Steinbecken ergänzen, die eigentlich nicht zum Gebrauch bestimmt sind, auch wenn gelegentlich eine Laterne angezündet wird. Zudem sind für gewöhnlich einige hübsche Trittsteine auf der kleinen Fläche ausgelegt. Zugegeben, diese Gärten können etwas düster wirken, besonders wenn sie mit Immergrünen bepflanzt sind, doch ihr leichter Modergeruch, der sich auf natürliche Weise mit dem Geruch der traditionellen Holzhäuser mischt, hat etwas typisch Japanisches. In den Innenhöfen der modernen, großflächig verglasten Geschäfts- und Verwaltungsgebäude herrscht oft eine freundlichere Atmosphäre als in den Höfen der traditionellen ziegelgedeckten Stadthäuser aus Holz, Flechtwerk und Lehm. Ein dunkler Binnengarten lässt sich mit feinem Kies aufhellen. Man kann, wenn auch nicht in jedem Fall einen perfekten Trockengarten, so doch aber wenigstens ein schlichtes Arrangement, etwa mit Bambus, gestalten und Muster in den feinen Kies harken. Der kaiserliche Palast von Kyoto hat solche Gärten: saubere, weiße

Kiesflächen mit jeweils einer Pflanzenart – Blauregen, Bambus oder Buschklee.

Wie bei jedem anderen Garten muss man auch beim Entwurf eines kleinen Binnengartens überlegen, aus welchen Perspektiven er angeschaut werden kann und soll. Bedenken Sie, dass der Betrachter vermutlich stehen wird. Da japanische Häuser immer aufgeständert sind, kann selbst ein hoher Fels aus dieser Perspektive weniger eindrucksvoll erscheinen als von der Veranda aus im Sitzen gesehen. Blickt man jedoch im Stehen auf einen winzigen Garten, wirkt auch ein ganz flacher Stein vor einem Hintergrund aus weißem Kies sehr effektvoll. Die eleganten Blätter und hellen Blüten ganz flacher Bodendecker wie *Liriope muscari* kommen von oben oder aus großer Höhe gesehen nicht zur Geltung. Mit einem Flechtzaun aus Bambus, anderem Rohr oder aus Rinde kann man sogar einen kleinen Garten noch untergliedern. Er soll nicht den ganzen Garten teilen, sondern als eine Art rustikaler Paravent dienen, der z. B. einem offenen Durchgang etwas mehr Schutz gibt. Ein teilweise abgeschirmter Bereich bietet

oben: *Hier blickt man von einem aufgeständerten Gang aus Holzplanken auf den Garten, in dem man die zarte Lavendelheide und den bronzeblättrigen Ahorn aus der Nähe bewundern kann. Der Teich hat an seinem flachen Ende einen Kiesboden. Sumpfpflanzen – Binsen und Schwertlilien – sind zwischen Felsen gruppiert, so dass genug offene Wasserfläche übrig ist, um den Ahorn ungehindert zu spiegeln.*

selbst im kleinsten Garten jenes Überraschungsmoment, das in der japanischen Gartenkunst stets eine wichtige Rolle gespielt hat.

Bäume, die ihre Zweige elegant ausbreiten wie etwa Ahorn und Haselnuss, betonen die Horizontale. Man kann sie als Kontrast neben einen schlanken Baum, z. B. eine kleine, sorgsam beschnittene Kiefer pflanzen. Hohe, schlanke Pflanzen wie Bambus und Kiefern betonen die Vertikale, besonders wenn man die unteren Zweige entfernt und den Anblick nicht durch die Unterpflanzung verstellt. Der Kontrast von hoch und niedrig erzeugt in einem kleinen Garten den Eindruck von Geräumigkeit.

Ein Seidelbast, der Schatten verträgt wie *Daphne odora*, verwandelt einen winzigen Binnengarten zu Frühjahrsbeginn in eine Duftoase. Japanische Gärten haben keine Auszeit, weil sie von immergrünen Pflanzen dominiert werden. Grün ist zweifellos die vorherrschende Farbe japanischer Gärten. Der Zauber des Winters besteht darin, dass man eines Morgens Eisblumen auf den Blättern der Aukube oder einen Schneehügel auf der Steinlaterne entdeckt. Das verdeutlicht vielleicht, wie wichtig die anfängliche Auswahl und das Arrangement der verschiedenen Gartenelemente ist. Laub werfende Pflanzen verändern Aussehen und Stimmung japanischer Gärten im Frühjahr und Sommer nicht so grundlegend wie in westlichen Gärten mit gemischten Beeten und Rabatten. Die Pflanzen werden danach ausgesucht, wie sie im Laufe des ganzen Jahres aussehen – nach Blattform, Zweigstruktur und Gesamterscheinung. Das gilt besonders für kleine Binnengärten. Schade, wenn so ein Garten verwahrlost. Er bleibt ein ständiger, stummer Vorwurf, so peinlich wie ein unaufgeräumter Schrank, der immer offen steht.

Der Binnengarten kann Elemente aller anderen Gartentypen aufgreifen. Ein Mooskissen in weißem Kies beschwört das Bild einer Insel im Ozean. Auf

gegenüber: *Am entfernten Ende eines Teiches oder Sees steht gelegentlich eine Laterne als Blickfang. Die kleine „Oribe"-Laterne passt gut zu dem von Paul Fleming entworfenen intimen Binnengarten. Ein größerer Teich würde eher eine hohe „Kasuga"-Laterne erfordern, und in einem großen Wandelgarten gäbe es vielleicht ein Wasserfall-Fels-Arrangement.*

oben: *Befindet sich der Raum für die Teezeremonie im Haus, gibt es hohe Steinbecken wie dieses, die von der Veranda aus benutzt werden. Wasserschöpfbecken werden in Japan gern mit Winterschachtelhalm eingefasst. Diese Komposition stammt von dem in Kyoto lebenden und arbeitenden amerikanischen Gartenplaner und Schriftsteller Marc Peter Keane.*

der Moosinsel kann ein schöner Felsen oder Strauch Platz finden. Auch ein Garten nach dem Vorbild der strengen, abstrakten Zen-Gärten aus Sand und Steinen ohne alle Pflanzen wäre denkbar – etwa mit einem mäandernden Streifen Kies als Fluss und einer kleinen Steinlaterne, die in dem symbolischen Gewässer eine Landzunge andeutet. Eine Steinlaterne und ein Becken hingegen würden an die gepflegte Gastlichkeit eines Teegartens erinnern.

links: *Einen Hof mit Wasserspiel im westlichen Stil integrierte Marc Peter Keane in diesen Garten. Auf dem zur Pergola erweiterten Dachüberstand ranken die zu solchen Zwecken beliebten fruchttragenden Kletterpflanzen* Akebia quinata *und* Stauntonia hexaphylla. *Der geneigte Baum im Vordergrund wird auf traditionelle japanische Art von einem Querholz gestützt.*

oben: *In diesem Hofgarten kommt die Schönheit der schlanken Ahornstämme gut zu ihrem Recht. Zugleich lenken sie den Blick auf die üppig grüne Unterpflanzung aus weichem Moos, zarten Farnwedeln und ledriger Aspidistra. Das Zentrum bildet die Darstellung einer natürlichen Quelle: Wasser tröpfelt aus einem Bambusauslauf in einen kleinen Teich. Den Garten entwarf Paul Sheppard.*

Dieser flexibelste aller Gartentypen hat nicht nur in den Innenhöfen alter Häuser Platz. Miniaturgärten dieser Art kann man auf jedem begrenzten oder ungünstig geschnittenen Gartenstück anlegen. Der Streifen vor einem Erdgeschossfenster bietet noch kleinsten, schmalsten Gärten Raum, deren geharkter weißer Sand mit einer Laterne, einem Becken, einem Felsen, mit Schlangenbart oder einer einzelnen *Nandina domestica* geschmückt werden kann. Ein langer, schmaler Stadtgarten zwischen hohen Mauern oder Zäunen kann aus der Not eine Tugend machen, denn die Atmosphäre der Abgeschiedenheit ist schon gegeben. Unterteilt mit einem niedrigen, lose geflochtenen Bambuszaun, kann man im äußeren Gartenteil der Leidenschaft für viele verschiedene Pflanzenarten frönen und den inneren Teil mit nur einer Steinlaterne, einem Becken oder Teich zu einer schlichten Zuflucht gestalten – einem besonderen Ort der Stille, der Kontemplation und des Friedens.

Pflanzen

In heißen Klimazonen empfiehlt es sich, den Binnengarten genau wie einen Teegarten gut mit Wasser zu besprengen, bevor Gäste kommen, damit Pflanzen und Steine nicht heiß und staubig, sondern kühl, frisch und einladend aussehen.

Bambus sollte nach zwei bis drei Jahren bis zum Boden zurückgeschnitten werden. Im Frühjahr treibt er neu aus, die *Chimonobambusa*-Arten im Herbst. Möchten Sie Bambus umsetzen, sollte das immer einen Monat bevor er austreibt geschehen. Achten Sie darauf, dass die Wurzeln dabei nicht austrocknen. Oft

gegenüber: *Durch das Glasdach fällt viel natürliches Licht in diesen Teichgarten in Melbourne, Australien. Eine schlichte Felsbrücke verbindet die Insel in der Teichmitte mit der Veranda im japanischen Stil.*

oben: *Wie auch in diesem kalifornischen Binnengarten stehen „Yukimi"-Laternen traditionell am Wasser.*

links: *Das Tor gibt den Blick auf einen Innenhof frei, den ein gewaltiges Felsarrangement mit Wasserfall beherrscht. Die gläsernen Schiebetüren rings um den Hof lassen viel Licht herein, so dass die Felsen nicht gar zu bedrückend wirken. Es wird noch etwas dauern, bis die Pflanzen in Größe und Form zu den Felsen passen.*

werden drei, fünf oder sieben Bambuspflanzen zusammen gesetzt, denn das sind in Japan Glückszahlen.

Bambus wird im Allgemeinen nicht mit auffällig blühenden Sträuchern kombiniert. Gut passen *Iris japonica* und Farne einschließlich Straußenfarn. Auch *Ardisia crispa*, *A. japonica*, *Pachysandra terminalis* (Dickmännchen) und *Calanthe discolor* sind als Unterpflanzung beliebt.

Traditionelle Pflanzen für den Binnengarten

Solitärpflanzen: *Musa basjoo* (Japanische Faserbanane), *Cycas revoluta*, *Fatsia japonica* (Zimmeraralie).

Als Unterpflanzung: *Iris japonica*, *Liriope muscari*, *Ophiopogon japonicus*.

Als Bodendecker: *Ophiopogon japonicus*, *Sasa* spp., *Ardisia japonica*.

Wildstauden neben Pflanztrögen: *Equisetum hyemale*, *Ardisia japonica*, *Saxifraga stolonifera*, *Rohdea japonica*.

Für den Trockengarten: *Hepatica* spp. (Leberblümchen), *Matteuccia struthiopteris* (Straußfarn), Enziane, *Selaginella tamariscina*, *Rohdea japonica*, *Platycodon grandiflorus*, *Reineckea carnea*, *Ajuga nipponensis*, *Bletilla striata*, *Tricyrtis hirta*, *Ardisia japonica*, *Commelina communis*, *Aquilegia* spp. (Akeleien), *Physalis alkekengi*, *Eupatorium japonicum* (Wasserdost).

ZWEITES KAPITEL

Elemente eines japanischen Gartens

Bei einem japanischen Garten spielt jedes Element seine ganz bestimmte Rolle in der Gesamtkomposition einer stillen, harmonischen Landschaft. Auch wenn sich westliche Augen anfangs über die formal beschnittenen Pflanzen und die abstrakten Felsgruppierungen wundern, haben Japaner ihre verschiedenen Gartenstile immer als naturalistisch aufgefasst, denn sie alle zeigen jeweils auf eigene Weise ein Idealbild der Natur: beruhigend, meditativ und schön.

Pflanzen

rechts: *Die Form dieser schön beschnittenen Kiefer, die eher für* Ilex crenata *üblich ist, illustriert ein in Japan besonders beliebtes Formschnittmotiv. Die Kiefer schmückt den Garten von Mrs. Pomeroy in Kalifornien.*

Es gibt mindestens einen fundamentalen Unterschied zwischen traditionellen japanischen und westlichen Gärten, auch wenn nicht oft darauf hingewiesen wird: In Japan setzt man Sträucher und Stauden niemals in Beete. Den in westlichen Gärten so vertrauten Kontrast zwischen freien, gepflegten Rasenflächen und Beeten mit überbordenden Farben und Formen gibt es in japanischen Gärten nicht. Japanische Gärten wollen den Eindruck von Vielfalt und Fülle erzeugen, ohne dabei viele Pflanzen zu verwenden. Einzelne, geschickt platzierte Bäume und Sträucher suggerieren ein ganzes Dickicht oder sogar einen Wald. Alle Pflanzen werden nach ihrer Form ausgesucht. Das Beschneiden wird deshalb zu einer wichtigen Aufgabe: Durch das Entfernen überflüssiger oder schlecht gewachsener Zweige soll die ureigene Wohlgestalt der Pflanze noch deutlicher zur Geltung gebracht werden.

Es bekommt allen Sträuchern und Bäumen gut, wenn man nicht nur schwache und abgestorbene Äste, sondern auch nach unten wachsende Zweige und lange blütenlose Triebe zurückschneidet. Auch die Wurzelschösslinge veredelter Pflanzen entziehen diesen nur unnötig Kraft.

Pflanzen formen

Vielleicht werden Bäume und Sträucher in Japan stärker in Form geschnitten, als dem westlichen Geschmack angenehm ist. In der Gesamtkomposition japanischer Gärten haben Formschnittpflanzen jedenfalls die wichtige Aufgabe, mit ihren geschwungenen Konturen die Gartenlandschaft zu gliedern und zu beleben.

Die spezifische Form der Pflanze soll dabei respektiert und gepflegt werden. Manche Bäume geben deutliche Hinweise auf die in ihnen angelegte Grundform. Einige konische Nadelbäume wie die Schirmtanne und der Chinesische Wacholder *Juniperus chinensis* ‚Kaizuka' brauchen kaum beschnitten zu werden, um ihre Form zu halten. Auch die Immergrünen *Dendropanax trifidus* und *Daphniphyllum macropodum* sind wegen ihrer schönen Formen beliebt. Fächerahorn, Zaubernuss und Laub werfende Azaleen wie *Rhododendron quinquefolium*, *R. reticulatum* und *R. japonicum* haben von Natur aus zarte, verzweigte Formen. *Camellia sasanqua*, *Stewartia pseudocamellia* und die kleinere *S. monadelpha* wachsen ganz von selbst in Säulenform und brauchen nur wenig Pflege. Bei all

vorige Seite: *Ein plötzlicher Kälteeinbruch im Spätherbst färbt den Fächerahorn besonders schön. Beliebt und zuverlässig für eine leuchtende Herbstfärbung ist der rotblättrige Ahorn ‚Osakazuki' (Mond von Osaka). Lassen Sie abgefallenes Laub eine Weile liegen, denn es bildet schöne Farbteppiche. Japanische Zierkirschen verstreuen ihre Blütenblätter auf ähnlich dekorative Weise.*

diesen Pflanzen genügt es, trockene, kranke und schwache Äste zu entfernen, um ihnen zu neuem Wachstum zu verhelfen.

Beim Kauf junger Bäume und Sträucher sollte man darauf achten, dass in ihnen die Form angelegt ist, die der Garten braucht. Ein junger Seidelbast *Daphne odora* mit langen Trieben lässt sich z. B. nur schwer in Rundform schneiden. Manche Jungpflanzen von *Ilex integra*, *Osmanthus heterophyllus* und Eiben werden sich zu großen buschigen Kuppeln auswachsen, andere der gleichen Art mit einem kräftigen Mittelstamm eignen sich für kunstvolleren Formschnitt.

Die Japanische Stechpalme (*Ilex crenata*), die Steineibe (*Podocarpus macrophyllus*), *Ternstroemia gymnanthera* und auch Gartenkamelien lassen sich zu schönen Kuppeln schneiden. *Ilex crenata*, die Zwergeibe *Taxus cuspidata* var. *nana* und

oben: *Die Bonsai-Kiefer wurde so in Form gebracht, daß nun ein langer Seitenast betont wird, den ein kräftiges Bambusrohr stützt. Große Bäume werden oft so beschnitten, dass ein langer Ast über einen Teich oder See ragt. Selbst größere Kiefern erzieht man dazu, einen Ast über ein Tor oder an einer Fassade entlang auszubreiten.*

Japanische Formbäume

1

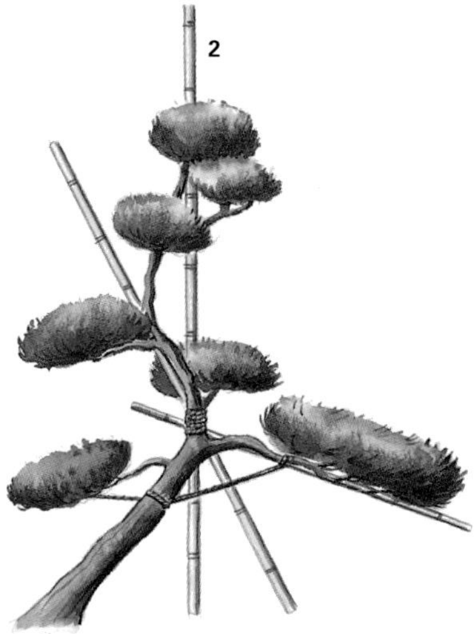

2

3

1 *Im Garten werden dem Bambus oft die unteren Triebe entfernt, um seine Höhe zu betonen. Gleichmäßig im Garten verteilt, bildet er ein kühles Blätterdach. In Japan wird dafür gern* Sinobambusa tootsik *genommen. Als Solitärpflanze in großen Pflanztrögen kann der Bambus einige untere Triebe behalten, aber sie müssen sich gleichmäßig am Hauptrohr verteilen.*

2 *Ein gebogener Kiefernstamm entsteht mit Hilfe kräftiger Bambusrohre, die ihn an passender Stelle stützen. Auf die gleiche Weise erzieht man lange Seitenäste an Kiefern, Eiben und Japanischer Stechpalme . Um eine offene Baumform zu erzielen, biegt man die Äste nach unten und befestigt sie mit Seilen am Stamm. Alle Zweige an der Astunterseite werden entfernt, damit sich nur oben auf den Ästen dichte, grüne Polster bilden.*

4

3 *Für diese Treppenform eignet sich* Ternstroemia gymnanthera *gut, aber auch* Cryptomeria japonica.

5

6

4 *Mit der Zeit verlieren Enkianthus und hohe, immergrüne Azaleen fast alle Zweige an der Basis. Entfernen Sie kleine und schwache Zweige am unteren Teil der Hauptäste. Die belaubte Krone kann rund oder fächerförmig beschnitten werden. Letzteres steht auch einigen kleinen Varietäten des Fächerahorns gut.*

5 *Eine Kiefer kann dazu erzogen werden, einen langen Ast über ein Tor zu breiten. Diese Form passt zu sehr formalen Bereichen am Haus, etwa an das Eingangstor.*

6 *Die japanische Eibe* Taxus cuspidata, Podocarpus macrophyllus *und einige Arten von* Acer palmatum *und japanischen Eichen bilden lange, aufrechte Äste. Wie bei den Kiefern werden auch hier alle seitlich und nach unten wachsenden Zweige sorgfältig entfernt, damit sich an den Astenden ordentliche, runde Kissen bilden.*

links: *Beschnittene Nadelbäume wie dieser Wacholder im Garten von Mrs. Pomeroy in Kalifornien kommen vor einer weißen Wand besonders gut zur Geltung. Traditionell werden zur Beschneidung von* Juniperus chinensis *die zarten Jungtriebe mit der Hand abgekniffen, damit der Baum nicht abstirbt.*

rechts: *Man kann das Höhenwachstum einer Kiefer beschränken, damit sie den Garten nicht sprengt. Dank sorgfältiger Beschneidung wachsen alle kleinen Zweige des abgebildeten Baumes nach oben, so dass sich die charakteristischen Kissen mit dichten gesunden Nadeln bilden konnten. Diese ausgewachsene Kiefer braucht keine Stützen mehr.*

links: *Die Bambusrohre und schwarzen Hanfseile, die diese* Pinus parviflora *in Form bringen, sind auch selbst dekorativ.*

rechts: Ternstroemia gymnanthera *war für japanische Gärten unverzichtbar. Diese im Ritsurin Park in Takamatsu ist auf traditionelle Weise beschnitten: Fast alle Seitenäste wurden entfernt, damit sie hoch und offen wirkt. Der Bambuszaun im Vordergrund zeigt „Yotsume"-Flechtwerk. Oft werden die aufrechten Streben statt einzeln auch in Zweiergruppen verarbeitet.*

gegenüber: *Eine formale Einfassung am Tempel Ryoan-ji in Kyoto: An Stelle des Umfassungszaunes wächst eine sorgsam beschnittene,aber unregelmäßig ausgeformte Ligusterhecke aus* Ligustrum japonicum.

halbimmergrüne Azaleen eignen sich auch als Heckenpflanzen. Diese niedrigwüchsigen Sträucher werden häufig zu Rundformen geschnitten, die in japanischen Gärten eine recht große Bedeutung haben: Sie dienen als „Anker" für eine Gruppe höherer, schlanker Bäume oder stehen für schön verwitterte, abgeschliffene Felsen, die ihrerseits die Zeitlosigkeit der Natur, Alter und Harmonie symbolisieren.

oben: *Azaleen,* Photinia glabra, Cleyera japonica *und einige Bambusgräser werden nicht nur einzeln, sondern oft auch in Gruppen beschnitten. Alle Formen und Größen sind möglich, je nach gewünschten Funktionen – sei es als Bodendecker, als Hecke innerhalb des Gartens oder sogar zur Darstellung von Felsen und Inseln.*

Die eindrucksvollsten unter den japanischen Formbäumen bleiben jedoch jene Kiefern und Eiben, die wie riesige Bonsai-Bäume aussehen. Im 19. Jahrhundert gingen im Westen die Meinungen darüber auseinander. Die einen verwarfen sie als grotesk, die anderen erkannten es als große Kunstfertigkeit an, diese bizarren Formen hervorzubringen. In Japan behaupten sich auch heute noch kunstvoll beschnittene Immergrüne trotz aller neuen Trends sowohl in Privatgärten als auch in prachtvollen Tempelanlagen.

Auf den wenigen erhaltenen Ästen sitzen dichte Nadelformationen wie kleine Schneehaufen. Die Astunterseiten sind frei von Zweigen, so dass die fließenden Linien von Stamm und Ästen deutlich sichtbar sind – daher auch die Begeisterung der Japaner für die Yoshino-Kirsche, deren große weißrosa Blütenstände wie Wolken über den blattlosen schwarzen, ausladenden Zweigen schweben. Auch die aufrechten immergrünen Laubbäume *Ilex integra*, *Ternstroemia gymnanthera*, *Osmanthus heterophyllus* und *Thujopsis dolabrata* sind für einen solchen Formschnitt geeignet. Die beste Jahreszeit dafür ist der Hochsommer. Ziehen Sie mit einem sauberen Spaten einen großen Kreis um den Baum, um Feinwurzeln abzutrennen, und entfernen Sie die meisten Seitenäste des Hauptstammes (der verkürzt werden kann, falls der Baum zu groß ist). Die verbleibenden sollten kräftig, gesund und am rechten Platz sein. Schneiden Sie sie auf 60 bis 90 cm zurück, um an den Enden neues, buschiges Wachstum anzuregen. Offene Wunden werden mit einem Anti-Pilzmittel behandelt und mit Wachs versiegelt. Haben sich die Enden nach etwa drei Jahren dicht verzweigt, werden sie jeden Sommer rund geschnitten. Bäume, die für den Garten zu groß geworden sind, werden oft auf diese Weise beschnitten.

Japanische Stechpalme, Steineibe und *Taxus cuspidata* var. *nana* sind ebenfalls dafür geeignet. Da sie jedoch biegsam sind, kann man sie auch so behandeln wie Kiefern, deren Stämme s-förmig gebogen werden sollen. In Japan wird diese Kunst von professionellen Gärtnern praktiziert, aber ein experimentierfreudiger Amateur kann sich ebenso daran versuchen.

Nach etwa fünf Jahren nimmt ein Baum Form an, aber es braucht fünfzehn bis zwanzig Jahre, bis seine endgültige Gestalt ausgereift ist. Der Baum sollte bereits die gewünschte Höhe und Größe haben, bevor er in Form gebracht wird, und auch schon seit

gegenüber oben: *Eine andere Grenze des Tempels Ryoan-ji ist mit Bäumen bepflanzt, aber nicht ihrer Höhe wegen: Ihre begrenzte Anzahl und die veredelte Form lässt sie wie ein Wäldchen wirken. Eingestreute Sträucher wie Japanischer Spindelstrauch füllen unaufdringlich die leeren Stellen.*

gegenüber unten: *Hohe Bäume mit schlanken Stämmen gelten nicht als Sichtblockade, sondern im Gegenteil: Sie rahmen den Blick in die Landschaft. Hier erfüllt die ansehnliche rotstämmige Feuer-Scheinzypresse diesen Zweck. Die Bäume wurden in regelmäßigen Abständen gepflanzt.*

mindestens einem Jahr an seinem endgültigen Standort stehen. Es erleichtert das Formen des Stammes, wenn er bereits in einem Winkel zum Boden eingesetzt wurde. Die erste Biegung wird in der unteren Hälfte des Stammes geformt. Stützen Sie den oberen Teil der Biegung mit einem kräftigen Stock ab und halten Sie diesen mit einem zweiten am Platz. Ein schöner, kräftiger Ast sollte von der Biegung auswärts wachsen. Er darf länger werden als alle anderen Seitenäste. Es sollte auch einen kürzeren Seitenast geben, der etwas tiefer am Stamm in Gegenrichtung zum Hauptast wächst, um ihn auszubalancieren. Die Äste werden insgesamt so weit reduziert, dass sie sich mehr oder weniger gleichmäßig rund um den Hauptstamm verteilen. Wird eine offenere Form gewünscht, biegt man die Äste vorsichtig nach unten und befestigt sie an Bambusrohren, die ihrerseits mit Seilen an den Stamm gebunden werden. Alle Zweige an den Astunterseiten werden entfernt. Der Eingriff sollte zwischen Spätwinter und zeitigem Frühjahr vorgenommen werden und bei Kiefern, bevor die neuen Knospen aufbrechen.

Der Grundgedanke hinter diesem Typ des japanischen Formbaums ist, dass er sein Gleichgewicht durch Asymmetrie gewinnen soll. Die Kunst besteht darin, einen Ausgleich zwischen der aufstrebenden Vertikale des Stammes und den Horizontalen der Äste herzustellen. In japanischen Gärten gibt es viele geeignete Plätze für solche Bäume. Oft steht eine einzelne geneigte Kiefer am Haupttor des Gartens, so in Form gebracht, dass einer ihrer Äste sich im Bogen darüber wölbt. Auch an Teich- und Seeufern sind gebogene Kiefern beliebt, weil sie Besucher mit besonders schönen Spiegelungen erfreuen.

Es versteht sich von selbst, dass die Kiefern sorgfältig beschnitten werden, damit ihre elegante Form erhalten bleibt. Das geschieht in zwei Schritten. Im Frühjahr werden die Knospen bis auf zwei oder drei pro Zweig reduziert. Zu schwache und zu kräftige Knospen werden ausgeputzt. Bei Japanischer Rotkiefer (*Pinus densiflora*) und Mädchenkiefer (*P. parviflora*) werden etwa ein Drittel oder ein Viertel der Knospen, bei Japanischer Schwarzkiefer (*P. thunbergii*) die Hälfte und mehr entfernt. Im Herbst streift man mit der Hand an jedem Zweig von der Basis bis zur Spitze vorsichtig die alten Nadeln ab. Nur die im Laufe des Jahres neu gewachsenen Nadeln, etwa auf den letzten sieben Zentimetern, bleiben stehen. Das Entnadeln ist besonders wichtig, wenn man die Knospen im Frühjahr nicht zurückgeschnitten hat. Wird ein stärkeres Wachstum gewünscht, kann man weniger drastisch vorgehen.

Bäume und Sträucher arrangieren

Die großen französischen Schlossgärten von Vaux-le-Vicomte und Versailles aus dem 17. Jahrhundert betonen mit den in Kugel-, Pyramiden- und Obeliskenform geschnittenen Eiben ihre symmetrische Harmonie. Japanische Gärten hingegen suchen die Harmonie in der Asymmetrie. Das gilt nicht nur für den bereits beschriebenen Formbaum, sondern ebenso für das Arrangement der Bäume und Sträucher. Japanische Gärtner denken dabei nicht in geraden, sondern in ungeraden Zahlen. Die Grundeinheit besteht aus drei Bäumen oder Sträuchern, die zwei weitere Pflanzen zu insgesamt fünf ergänzen können. Sieben Pflanzen werden als eine Fünfer- und eine Zweiergruppe aufgefasst, neun Pflanzen als drei Dreiergruppen usw.

Die drei Grundgehölze sollten sich in Form, Höhe und Blattstruktur unterscheiden, um für eine angenehme Abwechslung zu sorgen. Der Kontrast von Laub werfenden und immergrünen Bäumen und Sträuchern sorgt das ganze Jahr über für belebende Akzente. Entscheiden Sie zuerst, welcher Baum das Zentrum der Gruppe bilden soll. Seine Form entscheidet, welche Pflanzen als Ergänzung in Frage kommen, da sie all seine Eigenheiten ausbalancieren müssen –

sei es eine bestimmte Neigung des Stammes oder die Grundform der Äste. Die kleinste Pflanze der Gruppe dient in der Regel dazu, das Arrangement zu verankern.

Eine klassische Kombination wäre ein Nadelbaum, etwa eine Kiefer oder Japanische Stechpalme, ein Fächerahorn und eine kleinere, buschige Immergrüne wie *Cleyera japonica* oder die Mandarinorange, die die Gruppe stabilisiert. Soll mehr Licht in den Garten fallen, kann die dritte Komponente neben Kiefer und Ahorn auch ein Laub werfender Strauch wie die Scheinhasel sein. Eine andere schöne Kombination wäre eine hohe, voll ausgewachsene Kamelie als Mittelpunkt, dazu eine rund beschnittene Immergrüne, z. B. die Japanische Stechpalme, und das weichere Grün der Zwergazalee Satsuki. Azaleen sind wohl die vielseitigsten Pflanzen japanischer Gärten und entsprechend populär. Man kann sie einzeln beschneiden, aber auch ganze Gruppen zu breiten Streifen oder schmalen niedrigen Hecken schneiden, um verschiedene Gartenbereiche voneinander abzugrenzen. Fächerahorn, Satsuki-Azaleen und Japanische Lavendelheide passen gut zu ausladenden Immergrünen wie *Ternstroemia gymnanthera* und *Daphniphyllum macropodum*.

Damit die Dreiergruppe aus Bäumen und Sträuchern den Eindruck räumlicher Tiefe erzeugt, werden die Pflanzen auf den Eckpunkten eines ungleichseitigen Dreiecks (eines Dreiecks mit verschieden langen Seiten) arrangiert. Keine der verschieden hohen Pflanzen soll vollständig von den anderen verdeckt werden. Achten Sie also darauf, dass die Pflanzen auch in ihrer endgültigen Größe (nach etwa drei Jahren) von den wichtigsten Aussichtspunkten des Gartens aus gesehen ein Dreieck bilden.

Das ungleichseitige Dreieck ist die Grundfigur für alle Pflanzenarrangements. Denken Sie daran, dass der Hauptbaum jeder Gruppe einen Eckpunkt des Dreiecks besetzt.

Es gibt keine festen Regeln für die Kombination der Pflanzen. Viele der beliebten japanischen Pflanzen wie Azaleen, Kamelien und Fächerahorn brauchen zum Gedeihen saure Erde. Hat Ihr Garten sehr alkalischen Boden, ziehen Sie diese Arten besser im Topf. Sie sollten auch lieber mit Regenwasser gegossen werden als mit Leitungswasser, das Kalk und Chemikalien enthalten kann.

In Japan ist die Pflanzenpalette eines Gartens oft sehr stark begrenzt. Vor dem grünen Hintergrund von Nadelbäumen und Immergrünen lassen die Farbtupfer ein, zwei ausgesuchter Pflanzen die Jahreszeiten anklingen: Zaubernuss, Kamelie und Seidelbast den Spätwinter; Prachtglocke, Blauregen und Azaleen das Frühjahr; Hartriegel, Indischer Flieder und Scheinkamelie den Sommer; Ahorn den Herbst und *Ardisia crispa* mit ihren roten Beeren den Winter. In großen Gärten bilden hohe säulenförmige Nadelbäume, wie z. B. Fichten, einen hervorragenden Hintergrund für rundliche immergrüne und Laub werfende Sträucher.

oben: *Einer der größten Wandelgärten gehört zum kaiserlichen Palast Shugakuin. Der Garten wurde Mitte des 17. Jahrhunderts angelegt.*

Felsen

rechts: *Es ist nicht ganz einfach, eine große Felsengruppe so im Garten zu platzieren, dass sie dort ganz natürlich wirkt. Am besten ist es, sie ein gutes Stück in den Boden einzulassen. Dieses Arrangement auf halber Höhe eines Abhangs soll den Eindruck erwecken, die Felsen seien von selbst dort hingerollt.*

Die Bedeutung von Felsen in japanischen Gärten kann gar nicht überschätzt werden. Die Verehrung heiliger Steine reicht zurück in graue Vorzeit. Felsen für den Garten werden nach Form, Struktur und Verwitterungsspuren ausgesucht. Ob zernarbt von vulkanischer Aktivität oder glatt poliert von unermüdlichen Wellen – als besondere Qualität der Felsen gilt ihre Kraft, Vorstellungen und Gedanken anzuregen. Japanische Gärtner setzen Felsen mit der gleichen langfristigen Perspektive, die auch die Bepflanzung der großen englischen Landschaftsgärten des 18. Jahrhunderts bestimmte – mit Blick auf eine Zukunft, in der die Felsen fast ganz von Moos bedeckt sein werden.

Formen und Typen

Felsen werden nach Grundformen klassifiziert, die alle ihre bestimmte Funktion haben. Besonders bedeutsam sind hohe stehende Felsen. Dann gibt es noch breite horizontale Felsen (deren Oberseite mehr oder weniger flach, uneben oder stufenförmig sein kann), sehr niedrige flache Felsen, runde Felsen, Felsen in Gestalt eines kleinen Hügels und schräg stehende Felsen. Die letztgenannten eignen sich besonders, um auf die geologischen Veränderungen der Erde aufmerksam zu machen. Ein flacher, glatter, hügelartiger Felsen erinnert an die Kraft der Erosion, einen stark geneigten Felsen hingegen scheint die Erde gerade erst aus ihren Tiefen emporgeschleudert zu haben.

Da Japan aus einer Reihe von Vulkaninseln besteht, findet man am häufigsten vulkanisches Gestein: Andesit, Granit, Chlorit, Basalt und auch Tuff. Felsen werden ebenso nach ihrer Herkunft eingeteilt – Berg, Fluss, Tal und Meeresküste –, denn die unterschiedlichen Verwitterungseinflüsse prägen ihr Aussehen.

Felsen auswählen

Nicht nur Wildpflanzen und Tiere, die weltweit strengen Artenschutz genießen, sondern auch unbelebte Materie wie Felsen sollte man nicht bedenkenlos aus ihrem natürlichen Umfeld entfernen. Sie sollten immer von einer autorisierten Bezugsquelle stammen. In Japan gibt es inzwischen strenge Bestimmungen für Flussgestein, das sowohl für Gärten als auch für Gebäude sehr begehrt ist. Da natürlich geformte Felsen schon immer sehr viel begehrter waren als die aus dem Steinbruch, stellt sich ein ernsthaftes Problem, wenn ihre Beschaffung nicht geregelt ist.

vorige Seite: *Das Teehaus des Japanischen Gartens im „Tatton Park" in Cheshire steht auf einer kleinen Insel zwischen Bächen und einem winzigen Wassergarten. Aufgeschüttete Erdhügel verleihen der Insel ihre sanften Konturen, und sie ist vollständig mit Moos überwachsen. Einige leuchtend gefärbte Fächerahornbäume spenden dem Teehaus Schatten.*

Manchmal kann man dort Natursteine bekommen, wo gerade ein neues Feld angelegt oder eine Baugrube ausgehoben wird. Versuchen Sie es ansonsten auch in Steinbrüchen Ihrer näheren Umgebung oder bitten Sie japanische Gartenvereine um Hilfe. Machen Sie das Beste aus dem vor Ort vorhandenem Material, auch wenn es für andere Zwecke bestimmt war – etwa für Kletterfelsen oder Trockenmauern.

Wählen Sie weder allzu quaderförmigen Felsen, die an zurückgewiesenes Baumaterial erinnern noch solche mit scharfen Kanten und rechten Winkeln, die ebenso langweilig wie grob wirken. Wünschenswerte Merkmale sind zum einen Kraft und Dynamik, zum anderen eine edle, elegante und ausgereifte Form. Suchen Sie nach interessanten Konturen, Oberflächen und Farben. Eine deutliche Schichtung z. B. verweist auf die Vergangenheit und das Vergehen der Zeit.

oben: *Dieser japanische Privatgarten folgt dem Stil eines ebenen Zen-Steingartens. Die drei Felsgruppen sind in einem ungleichseitigen Dreieck angeordnet. Der massive dreieckige Felsen links der Mitte steht sowohl für einen heiligen Berg als auch für die Schwinge eines Kranichs, die flache Steinbrücke rechts zugleich für einen Schildkrötenpanzer.*

gegenüber: *Japanische Gärten suchen die Harmonie von Mensch und Natur, indem sie Artefakte von Menschenhand in die natürliche Umgebung integrieren. In diesem von Terry Welch entworfenen Garten verschmilzt das hölzerne Tor mit den einheimischen Nadelbäumen. Der Kontrast zwischen der natürlichen Anmut der Tannen und der Eleganz der beschnittenen Kiefern verweist sowohl auf die Möglichkeiten wie auf die Grenzen menschlicher Kreativität.*
In solche Gärten passen gut hohe Stauden wie Anemone-japonica*-Hybriden (z. B. die weiße, ungefüllte ‚Honorine Jobert', ‚Géante des Blanches' oder die rosa ‚Max Vogel').*

Tuff, ein poröses Mineralgestein mit einer einmaligen Struktur und Oberfläche, ist auch im Westen schon seit Jahrhunderten beliebt, so dass die Vorräte knapp werden. Viele Kalksteingebiete sind bereits fast verschwunden. Kalkstein sollte nur dann verwendet werden, wenn er nachweislich aus zweiter Hand stammt und schon vor langer Zeit gebrochen wurde. Manchmal gibt es auch verwitterten Schiefer aus zweiter Hand.

Felsen gruppieren

Felsen im Garten sollten so aussehen, als seien sie seit eh und je ein natürlicher Bestandteil der Landschaft. So wirken sie beispielsweise sehr viel interessanter, wenn man den Eindruck hat, sie ragten nur als die Spitze von etwas viel Größerem aus dem Boden. Oft werden sie deshalb bis zu ihrer breitesten Stelle im Boden versenkt. Eine sanft aufsteigende Rundung hat die archetypische mütterliche Form japanischer Berge. Gefährlich wirkende Felsen sind dagegen nicht so gern gesehen. Auch deshalb sollten Sie einen Felsen nie so einbetten, dass er sich zum Boden hin verjüngt.

Hat ein Felsen bestimmte Mängel, etwa scharfe Kanten oder eine weniger ideale Form, kann man dies vielleicht durch Kombination mit anderen Steinen oder niedrigen Sträuchern kaschieren. Felsen haben jedoch eine größere Wirkung, wenn nicht zu viele davon herumliegen. Wenige, große Felsen sind besser als eine Ansammlung von kleinen. Man kann auch ein Arrangement ausarbeiten, das nur die schönsten Partien der Felsen aus dem Boden aufragen lässt. Sie können auch einen einzelnen Felsen auf der Kuppe eines künstlichen Hügels eingraben, so dass lediglich seine Spitze wie der kahle Gipfel eines Miniaturberges aus dem Moos hervorlugt. Bedenken Sie auch, dass neu gepflanzte Sträucher und Bäume noch wachsen und die kostbaren Felsen später viel kleiner wirken lassen. Auch wenn ein frisch bepflanzter Garten

Felsen arrangieren

1 *Ein Felsen wird so in den Boden eingelassen, dass der sichtbare Teil nach unten breit ausläuft (a). Nie sollte er sich nach unten verjüngen (b).*

2 *Die Kerngruppe aus drei Felsen soll von der Seite gesehen ein ungleichseitiges Dreieck bilden.*

3 *Die Form des Hauptfelsens bestimmt den Landschaftstyp, den die Gruppe darstellt. Hohe raue, stehende Steine erinnern an eine zerklüftete Gebirgslandschaft, glatte gerundete, niedrige Steine an alte, von der Zeit abgeschliffene Berge.*

4 *Eine Dreiergruppe wird so angeordnet, dass die höchsten Erhebungen der Steine von oben gesehen ein ungleichseitiges Dreieck bilden. Die Grundfigur des ungleichseitigen Dreiecks ist nicht obligatorisch, aber sehr hilfreich, um die Abstände der Steine und ihr Verhältnis zueinander zu bestimmen.*

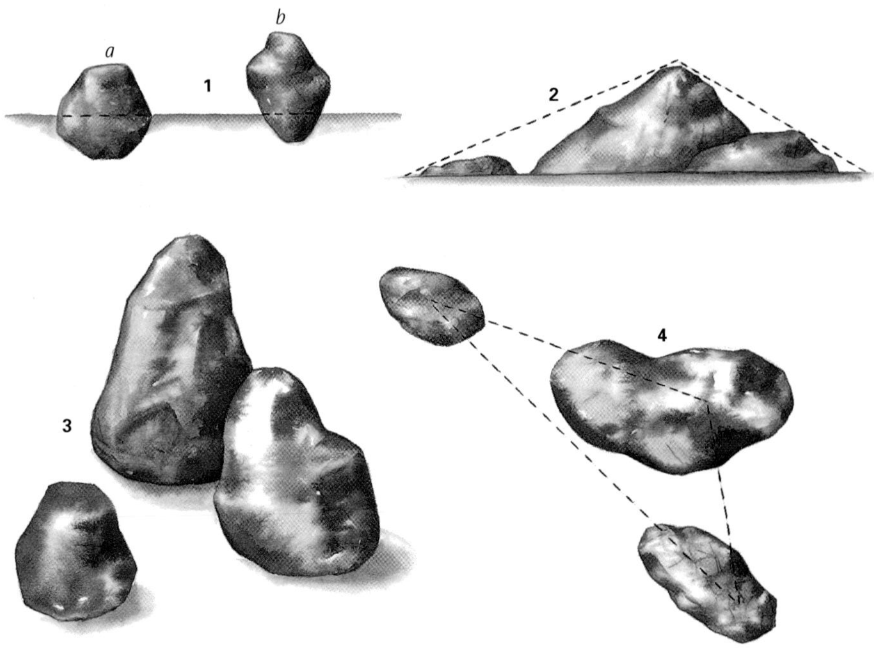

unweigerlich kahl aussieht, muss man sich das zukünftige Gleichgewicht vorstellen können, das im Zusammenspiel zwischen den ausgewachsenen Pflanzen, den Felsgruppen und anderen unbelebten Objekten wie etwa Steinlaternen und Zäunen herrschen soll.

Ein einzelner eindrucksvoller Felsen, besonders vor dem Haus, verleiht dem Garten eine strenge Würde. Er kann frei auf einer Kiesfläche stehen, einen kleinen Baum (etwa einen Fächerahorn) oder niedrige Sträucher neben sich haben, oder auch von einem eleganten Bambus eingerahmt sein, von dem im unteren Bereich alle Seitentriebe entfernt wurden. Ein solcher Felsen muss genau wie ein geneigter Stein gut im Boden verankert sein. Er wird tief im Boden in einen Ring aus anderen Steinen gebettet, damit er ganz fest steht und keinesfalls umkippen kann.

Gruppen mit mehr als zwei Felsen sollten aus dem gleichen Gestein bestehen, auch wenn sich die Felsen sonst in Form und Größe unterscheiden. Schließlich sollen sie aussehen, als würden sie zusammengehören. Auch hier bilden drei Steine auf der Grundfigur des ungleichseitigen Dreiecks die Grundeinheit. Bringen Sie den Hauptfelsen vorteilhaft zur Geltung. Wie ein menschliches Gesicht hat selbst ein Felsen seine schönere Seite, auch wenn gewisse Unebenheiten bei beiden attraktiv sind. Die älteste Anleitung zur Gruppierung von Felsen stammt aus dem 11. Jahrhundert: Geben Sie dem Felsen, was er verlangt. Geben Sie ihm alles, was er braucht, um sicher und stabil zu wirken. Alle weiteren Felsen sollen den Hauptstein ergänzen. Japanische Gärten strebten immer nach einem harmonischen, aber asymmetrischen Gleichgewicht. Setzen Sie Felsen deshalb nie in einer Reihe oder im rechten Winkel zueinander. Die Gruppe soll insgesamt stabil und massiv wirken, aber nicht so, als würden sich die Felsen gegenseitig stützen. Die Dreiergruppe kann auf fünf, sieben oder auch fünfzehn Steine erweitert werden. Der Hauptfelsen sollte so stehen, dass man seine Vorderseite, das Gesicht, sozusagen in Dreiviertelsicht erblickt. Im Wandelgarten muss man außerdem darauf achten, dass die Felsgruppe aus verschiedenen Perspektiven interessant aussieht. Ein Kunstgriff, der den Garten größer wirken lässt: Platzieren Sie große Felsen im Vordergrund, kleine im Hintergrund, damit die Entfernung zwischen ihnen größer scheint als sie ist. Genauso kann man auch mit Bäumen verfahren. Zart verzweigte Bäume gehören dabei in den Hintergrund. Ein massiver, hoch aufragender Fels verleiht dem Garten Ernst und Würde. Mehrere, zu einer Seite geneigte Felsen hingegen lenken den Blick in die entsprechende Richtung. Auf diese Weise bringen Felsgruppen Dynamik in den Garten und führen den Blick des Betrachters gezielt durch die Gartenkomposition.

Verwurzelte religiöse Vorstellungen, die sich schon immer mit den Felsen verknüpft hatten, wurden noch durch verschiedene chinesische Traditionen verstärkt, die im 4. und 5. Jahrhundert zusammen mit dem Buddhismus über das Meer nach Japan kamen. Die buddhistische Mythologie kennt mehrere heilige Berge, die chinesische hat ihren eigenen Mythos von der Berginsel der ewigen Jugend (japanisch: der Berg Horai), auf der die unsterblichen Weisen wohnen. Bereits im 11. Jahrhundert, als Felsen zu einem festen Bestandteil japanischer Gartenstile wurden, assoziierte man sie bereits mit diesen heiligen Orten.

Buddhistische Berge

Es gibt zwei bedeutende Berge in der buddhistischen Tradition Japans. Der eine ist der Fudaraku, der als Wohnstätte von Kannon, der Göttin der Barmherzigkeit, gilt. Ein einzelner, massiver Fels hat oft die doppelte Funktion, diesen berühmten Berg darzustellen und zugleich noch viel älteren religiösen Gefühlen Ausdruck zu verleihen. Der andere ist der Shumisen, der mythische Berg in der Mitte der Welt. Umgeben von sieben Meeren, gefolgt von sieben goldenen

Bergen, einem Ozean und schließlich einem Ring aus eisernen Bergen, inspirierte er viele größere Felsgruppen.

Abgesehen von diesen besonderen Bezügen verleiht die buddhistische Tradition, Buddhas in Dreiergruppen abzubilden, der Kerngruppe aus drei Felsen zusätzlich eine religiöse Bedeutung. Diese Dreiergruppen heißen „Sanzonseki", was soviel heißt wie „Steine, die drei Buddhas bedeuten". Die alten Gartenmeister scheuten sich jedoch aus religiöser Ehrfurcht, eine Drei-Buddha-Steingruppe vom Haus aus gesehen auf der zentralen Blickachse zu platzieren. Dort hätten sie nicht nur an die Allgegenwart des Todes erinnert, sondern auch die harmonische Asymmetrie gestört. Bedeutungsvolle Gartenelemente wurden deshalb immer leicht nach rechts oder links von der zentralen Blickachse versetzt.

In Zen-Gärten gibt es manchmal einen großen, flachen, so genannten Zazen-Stein, auf dem ein Mönch meditieren konnte. Gelegentlich sieht man in Zen-Steingärten auch einen bootförmigen Felsen in einem Meer aus Sand. In der japanischen Mythologie bedeutet er das himmlische Boot, das zu Zeiten der Götter zur Erde kam. In der chinesischen Tradition trägt ein Himmelsboot die sieben Glücksgötter.

Im Unterschied zu den buddhistischen Bergen erkennt man den Horai, den chinesischen Berg der ewigen Jugend, daran, dass ihm oft eines von zwei heiligen Wesen zugesellt ist: eine der Schildkröten,

oben: *Ein erhöhter Durchgang dient als Bühne für ein schlichtes, aber kraftvolles Ensemble aus Nadelbäumen und Felsen, entworfen von Peter Chan und Brenda Sacoor. Die gut im Boden verankerten Felsen wirken sehr fest und stabil.*

die den Berg tragen, oder einer der Kraniche, auf denen die Unsterblichen reisen. Schildkrötenfelsen sind recht verbreitet und leicht zu erkennen, auch wenn das Tier oft nur von einem Körperteil repräsentiert wird: Meist ist es der hochgereckte Kopf, manchmal Beine, Schwanz und Panzer. Auch eine kleine Insel kann als Schildkröte gelten, ein Felsen in ihrer Mitte als der Horai. Daneben steht häufig eine Kiefer, der Baum der chinesischen Weisen. Ein Kranich wird gewöhnlich von einem gedrungenen, dreieckigen Stein dargestellt, der einen ausgebreiteten Flügel bedeutet. Seltener erscheint sein langer Hals oder Schwanz. Beide Tiere finden sich in Teich- und Trockengärten.

gegenüber: *Die Ähnlichkeit zwischen den Felsen und den Formsträuchern soll den Unterschied zwischen Belebtem und Unbelebtem betonen, ein wichtiges Thema, das Zen-Steingärten häufig, aber unaufdringlich behandeln.*

Felsen platzieren

Beim Entwurf eines Gartens überlegt man sich in Japan zunächst den Platz für den größten, eindrucksvollsten und schönsten Felsen – den Hauptfelsen –, denn diese Entscheidung bestimmt alles übrige. Der kleinere der beiden Gärten gegenüber der Tempelhalle von Chion-in in Kyoto besitzt sechsundzwanzig Steine in einem sanft gewellten Meer aus beschnittenen Azaleen. Ein Felsen beherrscht den ganzen Garten: Er steht für den Buddha. Blühen die Azaleen, scheint es, als steige Buddha in seinem Glanz umringt von Boddhisattvas auf schimmernden Wolken herab. Die Komposition ist von einem Gemälde des Tempels entliehen. Im Tempel Jizo-in, ebenfalls in Kyoto, repräsentieren sechzehn Felsen Mönche, die Erleuchtung erlangten.

Felsen und große Steine sind dauerhafte Elemente japanischer Gärten, die man sicher im Boden verankern sollte. So verleihen sie dem Garten schon bald eine zeitlose Schönheit.

Wasser

rechts: *Eine „Yatsuhashi"- oder Zickzackbrücke ist ideal für flache, mit Sumpf- und Wasserpflanzen bestückte Gewässer. Auf diesen niedrigen Brücken geht man direkt zwischen den Pflanzen und kann wie hier im Japanischen Garten von Portland, Oregon, die gekräuselten, schön gezeichneten Blüten von* Iris ensata *von Nahem betrachten.*

gegenüber: *Wandelgärten mit Teich gibt es in verschiedensten Größenordnungen. Dieser Teichgarten in den USA ist sehr intim. An Stelle einer hölzernen Zierbrücke wurde ein schlichter Steg aus Steinplatten gebaut. Laternen mit gebogenem Schaft stellt man ausschließlich am Wasser auf.*
*An die feuchten Ufer naturalistischer Teiche passen gut Stauden wie Astilbe und Mädesüß mit ihren fedrigen Blütenständen und Grünpflanzen wie Tafel- und Schaublatt (*Astilboides tabularis *und* Rodgersia podophylla*).*

Stehen die Felsen in den Gärten für Japans Berge, dann repräsentieren die Gartengewässer die sanften Flüsse und stillen Seen des Landes und auch das Meer, das die japanischen Inseln umschließt. Die Inseln in den Teichen und Seen, manchmal lediglich einige aufragende Felsen, spiegeln das Selbstverständnis eines Inselvolkes.

Teiche

Teiche sind meist unregelmäßig geformt, damit sie natürlicher wirken. Einige Formen entsprachen den Vorstellungen der alten Gartenmeister jedoch besonders gut, denn damit gewann der Teich eine weitere Bedeutungsebene. Da gibt es die Wolkenform, die Flaschenkürbisform und auch einige traditionelle Teichformen, die auf den Piktogrammen chinesischer Schriftzeichen basieren: Dem Zeichen für Wasser und dem für Geist bzw. Seele. All diese fließenden Formen haben interessante Uferlinien, und deshalb werden Teiche und Seen noch immer nach ihrem Vorbild entworfen.

Teichufer kann man mit Sumpf- und Wasserpflanzen schmücken. Besonders beliebt sind die Schwertlilien *Iris laevigata* und *Iris ensata*. Letztere muss nach der Blüte den Winter über trocken gehalten werden. Die attraktiven Blätter und die hell- bis dunkelvioletten oder weißen Blüten beleben auch breite Uferstreifen. *Iris pseudacorus*, die gelbe europäische Wasserschwertlilie, und *Iris versicolor*, die blaue Amerikanische Schwertlilie, sind gute Alternativen. Auch der Kalmus (*Acorus calamus*) mit den aromatischen, schlanken Blättern und der japanische Graskalmus (*Acorus gramineus*) sind sehr hübsch. In tieferem Wasser kontrastieren die runden, grünen Blätter der Seerosen gut mit der offenen Wasserfläche.

Wasserpflanzen sollten nie den gesamten Teich bedecken. Der Reiz einer offenen Wasserfläche gewinnt noch zusätzlich, wenn sich Wolken, Laternen, Felsen und Uferbäume darin spiegeln können. Bepflanzen Sie den Teich also mit Zurückhaltung. In heißem Klima ist der Lotos (*Nelumbo nucifera*) die perfekte Wasserpflanze für große Gartenteiche und -seen. Die Blume des buddhistischen Paradieses hält ihre wohlgeformten, zugespitzten Knospen mit einzigartiger Eleganz hoch über den Blättern. Öffnen sie sich, scheinen sie aus feinster Seide geschnitten und duften auch ganz wunderbar.

gegenüber: *Der direkt unter dem Wasserfall platzierte, aber zu einer Seite verschobene Felsen verwandelt den glatten Schwall als zusätzliche Attraktion in eine schäumende Kaskade.*

Sandbänke und Strände aus grobem oder feinem Kies haben einen festen Platz in der japanischen Gartentradition. Sie können die Gestalt wilder Meeresstrände oder auch erholsamer Bergseeufer annehmen. In einem schmalen Teichabschnitt findet man gelegentlich eine lange Landzunge aus Kieseln,

oben: *Stil und Größe einer Laterne müssen zur Umgebung passen. Diese „Yukimi"-Laterne am Rande eines Gartenteichs in San Francisco wird von dem niedrigwüchsigen Wacholder, den Farnen und kleinen Felsen nicht verdeckt, ist aber trotzdem klein genug, um nicht alle Blicke auf sich zu ziehen.*

die sich eindeutig auf eine der berühmtesten traditionellen Ansichten am Japanischen Meer bezieht – eine lange Sandbank namens „Ama-no-Hashidate", die Himmelsbrücke.

Oft zieren große Felsen die Teichufer, besonders dort, wo sich ein Grasteppich aus *Zoysia japonica* sanft bis zum Wasser hinab zieht. Solche Ufer wirken vor allem bei weich geschwungenen Teichformen sehr idyllisch. Zernarbte Felsen an zerklüfteten Ufern wiederum erinnern an Klippen und das wildbewegte Meer. Bei solchen Kompositionen sollte man sich in Zurückhaltung üben, man darf sie nicht mit zu vielen Steinen überfrachten, denn sonst verliert sich die Wirkung. Felsen müssen so aussehen, als gehörten sie genau dort hin, wo sie liegen. Die Steine an einem Gartengewässer sollten immer ganz konkret auf das Wasser bezogen sein. So ist es z. B. üblich, einen großen flachen Findling am äußeren Ufer einer Bachbiegung zu platzieren, denn dort scheint er den Wasserlauf tatsächlich umzulenken. Er wird Teil der Umgebung.

All diese Möglichkeiten der Ufergestaltung bieten dem Gärtner Raum, seine eigene Vorstellung von der Natur umzusetzen und den Teichrand zugleich vor

Erosion zu schützen. Es gibt auch Alternativen zum naturalistischen Stil. Oft werden Teich- und Seeufer mit einer Reihe kurzer, etwa 10 cm starker Kiefernpfähle markiert, die mit Weidenzweigen oder Spaltbambus verflochten werden. Die Pfähle müssen nicht alle gleich hoch sein, sehr dekorativ kann es auch sein, wenn ihre oberen Enden eine Wellenlinie bilden. Auch Pflanzstellen von Prachtschwertlilien werden so eingefasst, damit es ordentlicher aussieht.

Wasserfälle

Wasserfälle und Kaskaden vereinen die Vorstellung von Bergeshöhen mit dem Reiz fließenden Wassers. Sie können schmal oder breit sein, frei überfließen, mäandrieren oder von Felsen gebrochen werden und auch zwei- oder dreistufig sein.

Die traditionelle Grundkonstruktion eines Wasserfalls besteht aus vier Felsen. Der größte wird der Überlaufstein für das fallende Wasser. Zwei weitere stützen ihn auf jeder Seite ab. Beide können wiederum von kleineren Felsen flankiert sein. Am Fuß des Wasserfalls, dort wo er auftrifft, ragt der vierte, glattere Hauptfelsen etwas über die Wasseroberfläche und verteilt den Schwall. Manchmal stellt dieser Stein einen Karpfen dar – nach der chinesischen Legende von dem Karpfen, der einen Wasserfall erklomm, zum Drachen wurde und in den Himmel aufstieg. Etwas stromabwärts können einige weitere Felsen den Bachverlauf anzeigen. Ein langer schmaler Felsen, der als Steg dienen soll, gehört ebenfalls eher dorthin, damit er den Blick auf den Wasserfall nicht beeinträchtigt. Trittsteine sind eine gute Alternative. Ein solches Arrangement eignet sich auch für Trockengärten, denn es ist auch mit Sand oder Kies an Stelle des Wassers attraktiv.

Der Quellbereich oberhalb des Wasserfalls wird meistens mit niedrigwüchsigen Pflanzen kaschiert, unterstützt von einer Immergrünen. Unten am Wasserfall werden gern ein Fächerahorn, eine Kiefer oder

eine Trauerweide gepflanzt, die das Wasser teilweise verdecken. Der Blick auf den Wasserfall durch einen Schleier zarter Blätter gilt meist als reizvoller als eine vollständige Ansicht, denn dadurch gewinnt die gesamte Komposition Geheimnis und Tiefe.

Gartengewässer anlegen

Ein Gartengewässer muss im Kontext der gesamten Gartenanlage geplant werden. Vielleicht wird es ein Bergsee, umgeben von hohen Felsen und immergrünen Sträuchern, oder ein Teich in offenem Gelände. Auch ein Wasserfall, ein Becken mit Zulauf, ein plätschernder oder still mäandrierender Bach sind möglich.

In Privatgärten kann man bequem ein vorgeformtes Teichbecken aus dem Garten-Center verwenden, aber es gibt immer Leute, die lieber ihren eigenen Teich entwerfen und verschiedene Pflanzen und Felsgruppen einbeziehen möchten. In diesem Fall empfiehlt es sich, das Teichbecken mit einem Kiesbett und einer Betonschicht zu befestigen. Rechnen Sie beim Ausheben der Teichgrube unbedingt den Raum für die Kies- und Betonschichten mit ein. Prüfen Sie mit Brett und Wasserwaage, ob die Ränder der ausgehobenen Grube auch auf einer Höhe liegen. Das Kiesbett sollte etwa 15 cm hoch sein und gut festgestampft werden. Darauf kommt eine etwa 10 cm dicke Betonschicht (1 Teil Zement, 3 Teile Sand, 6 Teile Feinkies). Legen Sie zur Verstärkung des Teichbodens und der -wände Drahtmatten ein.

Die Wände des Teichbeckens sollten abgeschrägt sein, damit der Beton auch bei Frost nicht platzt. Bei sanft abfallenden Teichwänden können Sie den Beton vielleicht sogar ohne Verschalung aufbringen. Sind die Wände jedoch senkrecht, benötigen Sie eine Sperrholzverschalung, um den Beton hineinzugießen. Denken Sie bei der Gestaltung Ihres Teiches auf jeden Fall daran, einen Überlauf einzubauen,

Felsen am Teichrand setzen

rechts: *Bei einem großen Teich setzt man die Felsen praktischerweise gleich beim Ausheben der Teichgrube ein. Hat sie flach auslaufende Ufer, braucht man keine Verschalung, um den Beton zu gießen. Achten Sie besonders rund um die Felsen darauf, dass Beton und Mörtel keine Risse haben.*

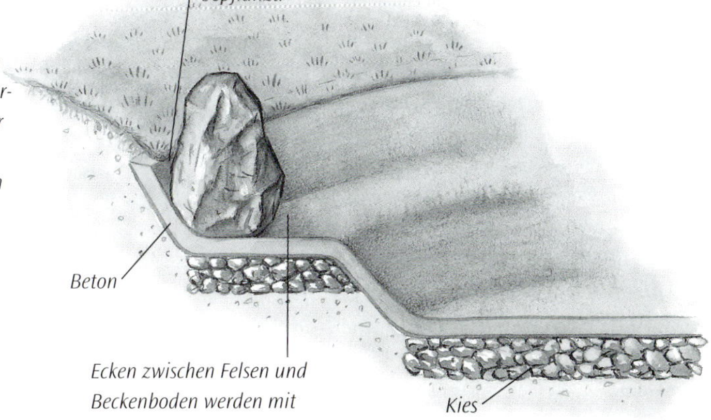

Traditionelle Teichformen

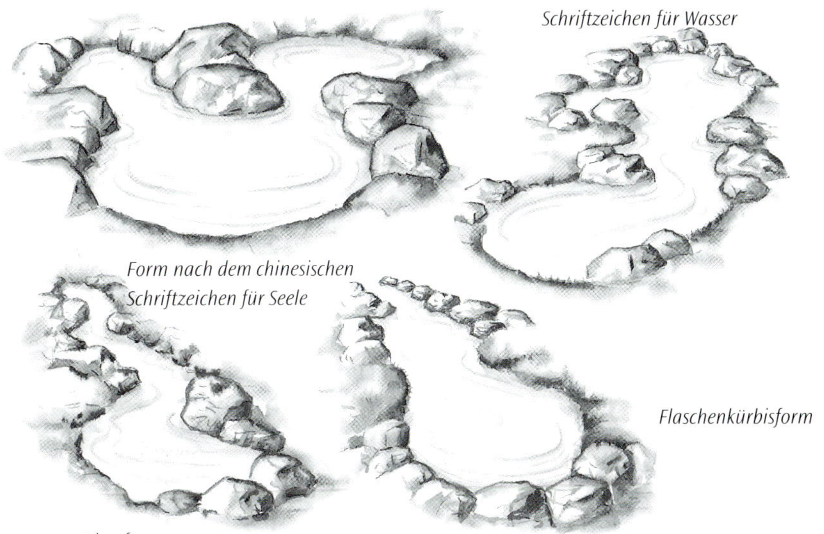

gegenüber: *Der von einem Wasserfall gespeiste Teich ist der ideale Platz für eine Hütte. Statt dessen könnte man auch eine Blauregen-Pergola bauen, die im Frühjahr mit ihrem Blütenregen bezaubert und im Sommer mit ihrem hellgrünen Blätterdach Schatten spendet. Violetttöne leuchten vor grünem Hintergrund besonders schön, aber auch am Wasser kommen sie gut zur Geltung. Man sollte sie jedoch mit Zurückhaltung einsetzen, wie hier im „Honda Tea Garden", den J. Dowle und K. Ninomiya für die „Chelsea Flower Show" 1995 entwarfen (derselbe Garten ist auf S. 4 abgebildet). Verschiedene Pfade erschließen den Garten aus allen Winkeln.*

oben: *Bei dieser Teichanlage von Richard Coward kontrastiert die geradlinige Holzplattform im Vordergrund mit der unregelmäßigen Uferlinie am anderen Ende, die von Prachtiris und anderen Pflanzen gebildeten wird.*

damit das Wasser bei sehr starkem Regen nicht über die Ufer tritt.

Unterwasserfelsen an den Beckenwänden und auf dem Boden werden zur Befestigung in Mörtel gebettet (1 Teil Zement auf 4 Teile Sand). Die Mörtelschicht sollte etwa 5 cm stark sein. Versehen Sie den Beton jedoch vorher mit einem wasserfesten Anstrich. (Man kann dem Beton auch gleich ein entsprechendes Mittel beimischen.) Achten Sie beim Festmörteln der Felsen darauf, dass im Beton keine Risse entstehen, durch die das Wasser versickern kann. Zwischenräume zwischen Felsen und Beton oberhalb der Wasseroberfläche werden später mit Erde ausgefüllt. Ist die Konstruktion fertig, versiegeln Sie die Mörteloberfläche, damit sich kein schädlicher Kalk im Wasser löst. Möchten Sie Felsgruppen am Ufer eines tiefen Teiches anbringen, ist eine Teichstufe, ein flacher Absatz rund um den Beckenrand, praktisch. Dort kann man die Felsen bequem im flachen Wasser ablegen und auch Wasserpflanzen gut unterbringen. Sie können die Teichgrube gleich mit verschiedenen Ebenen anlegen oder im Nachhinein mit Leichtbaublöcken eine Teichstufe einbauen. Felsen in der Teichmitte werden festgemörtelt. Soll es eine größere Insel geben, um Azaleen oder sogar eine Kiefer darauf zu pflanzen, lässt man sie beim Ausheben gleich stehen. Vergessen Sie nicht, die Insel genauso wasserdicht zu versiegeln wie das übrige Becken.

Soll das Gewässer ein Fischteich werden, dann glätten Sie alle scharfen Ecken und Kanten des Beckens und der Felsen unterhalb der Wasseroberfläche mit Mörtel, damit sich die Fische nicht verletzen können. Bei neuen Teichen sondert der Beton anfangs noch chemische Stoffe ab, die eingesetzte Fische töten könnten. Bevor Sie irgendwelche Pflanzen hinein setzen, lassen Sie das Wasser erst einige Tage abstehen. Fische kommen frühestens zwei Wochen nach den Pflanzen ins Becken.

In einem Garten durchschnittlicher Größe sollte der Teich etwa 60-70 cm tief sein, wenn er für große Koi gedacht ist, sollte er tiefer sein als ein ausgewachsener Fisch lang ist – und achten Sie auf jeden Fall darauf, dass der Teich so tief ist, dass er im Winter nicht durchfrieren kann. Wo der Beckenboden sichtbar ist, betten Sie Kiesel in den Mörtel, damit es natürlich wirkt. Wasser- und Sumpfpflanzen können sehr praktisch in zweckentsprechenden Pflanzkörben aus wasserdurchlässigem Flechtwerk in den Teich gestellt werden. Grobmaschige Behälter werden mit Nessel oder feinem Polypropylenvlies ausgelegt, damit sich die Erde nicht auswäscht. Behälter mit Wasserpflanzen können auf dem Beckenboden, Sumpfpflanzen auf der Teichstufe stehen. Wasserpflanzen, die im Laufe ihres jährlichen Wachstums tieferes Wasser benötigen, kann man auf Blocksteine stellen, die bei Bedarf wieder entfernt werden können. Verwenden Sie für Wasserpflanzen ein Spezialsubstrat oder mit Knochenmehl angereicherte Gartenerde und decken Sie die Pflanzgefäße oben mit Kies ab.

Einen Bach anlegen

Stellen Sie sich den Bachverlauf zunächst ganz genau vor. Vielleicht soll es ein flacher Kiesbach werden, der sich dann zu einem breiteren, sanften Wasserlauf weitet, oder auch ein wilderer Bergbach, der etwa an einem Wasserfall oder mit kleinen Kaskaden beginnt. Felsen im Bach müssen so natürlich wie möglich wirken und auch Kiesbänke sollen aussehen, als habe die Strömung selbst sie dort angeschwemmt. Richtig platziert können Felsen die Wirkung eines Baches ungemein heben.

Ein Gartenbach sollte etwa 30-40 cm tief sein und bepflanzte Ufer haben, damit er wie ein ganz natürlicher Bach aussieht. Eine andere Möglichkeit wäre, einen sehr flachen (ca. 5 cm tiefen) Bach anzulegen, der über eine etwa 2 cm hohe Kiesschicht

Ein Bachbett bauen

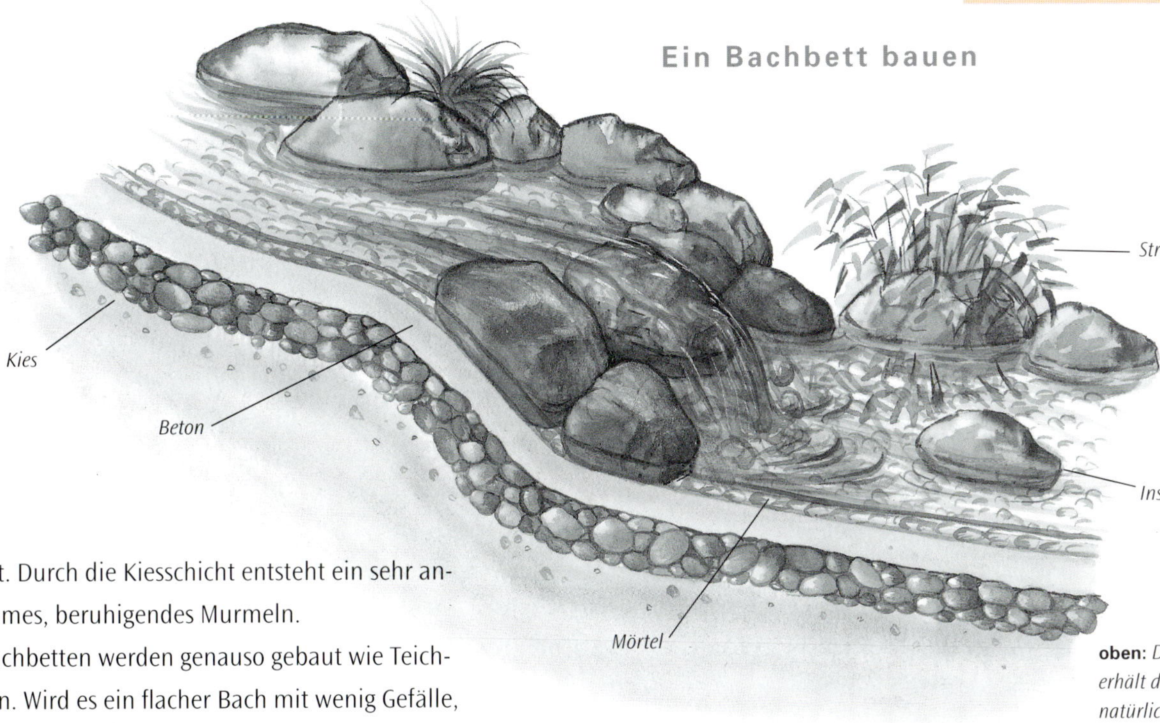

oben: *Die künstliche Bachsohle erhält durch eine Kiesauflage ein natürlicheres Aussehen. Ein Drittel davon wird festgemörtelt, damit die Strömung den Kies nicht fortspült, der Rest wird lose verteilt, bis kein Mörtel mehr zu sehen ist. Sie können auch einen Wasserfall einbauen. Orientieren Sie sich dabei an dem Grundmodell für Wasserfälle (siehe S. 87). Den Hauptfelsen, über den das Wasser strömt, flankieren zwei höhere Steine, die ihrerseits von zwei kleineren gedrungenen Steinen abgestützt werden. Etwas stromabwärts sollte ein blattförmiger Stein, der in Richtung des Wasserfalls mit der breiten Seite aus dem Wasser ragt, die Strömung teilen. Pflanzen Sie einen Strauch, etwa Japanische Schönfrucht oder einen Ahorn, eine Weide oder Kiefer an den Wasserfall, damit die zarten Zweigen ihn teilweise verbergen und so die kantigen Felskonturen abmildern.*

strömt. Durch die Kiesschicht entsteht ein sehr angenehmes, beruhigendes Murmeln.

Bachbetten werden genauso gebaut wie Teichbecken. Wird es ein flacher Bach mit wenig Gefälle, können Sie die Felsen platzieren, bevor Sie den Beton gießen. Legen Sie das Bachbett mit Kies aus. Mörteln Sie etwa ein Drittel davon fest und verbergen Sie mit dem übrigen Kies jeden noch sichtbaren Mörtel. Auf diese Weise wird nicht das gesamte Bachbett von der Strömung durcheinandergewirbelt.

Der Bach braucht auch einen Quellbereich, der irgendwo im Garten gestaltet werden muss. Es kann ein Wasserfall sein, dessen Zufluss hinter Sträuchern verborgen liegt, aber ebenso gut kann das Wasser auch zwischen Felsen hervorsprudeln wie bei einem Bergquell. Man kann es auch über ein Bambusrohr in ein Steinbecken rieseln lassen, von wo es dann in einen kleinen Graben überläuft. Ein solches Arrangement hat ebenfalls die Bedeutung einer natürlichen Quelle und das will bei der Umsetzung entsprechend berücksichtigt sein. Tatsächlich genügt die Wassermenge aus dem Bambusrohr nicht, um den Bach zu speisen. Leiten Sie also Wasser aus einer anderen verborgenen Quelle zu.

Wenn Sie den Bach in Schleifen und Windungen anlegen, können Sie mit Perspektiven spielen und geschickt Tiefe in den Garten bringen. Liegt der Wasserspiegel etwa 10-20 cm unterhalb der Uferkante, wirkt der Bach selbst tiefer. Sorgsam platzierte Felsen oder Solitärbäume – etwa Fächerahorn, in größeren Gärten eine Birke – führen den Blick am Ufer entlang. Bodendecker wie Schlangenbart oder Moos und auch Trittsteine, die durch den Bach führen, erzeugen den Eindruck von Weite. Ein frei stehender Fächerahorn in Trauerform kann eine Bachbiegung geheimnisvoll verschleiern. Die Wirkung wird jedoch zurückgenommen, wenn der Ahorn mit anderen Pflanzen um Aufmerksamkeit kämpfen muss. Ein leicht über den Teich geneigter Baum oder ein Strauch, dessen Blätter gerade eben das Wasser streifen, lockern Uferlinien auf. Das ist bei weitem effektvoller, als die Ufer mit zu vielen verschiedenen Pflanzenarten zu überfüllen.

Überlegen Sie bei der Planung immer genau, aus welchen Perspektiven der Garten schließlich betrachtet werden soll. Achten Sie darauf, dass der Bach den Blicken nicht vollständig entschwindet – sei es, weil er zu tief in den Boden eingelassen ist, oder weil Pflanzungen ihn verdecken. Ein kleiner Garten wird

vermutlich am häufigsten vom Haus aus betrachtet. Ein Bach wäre also in der Nähe des Hauses interessanter als am anderen Ende des Gartens. Ein 30-60 cm breiter Bach sieht aus einer Entfernung von etwa 3-6 m am besten aus, heißt es. In einem größeren Garten kann der Bach 1-1,50 m breit sein. Führt ein Weg durch den Garten, sollte er von einer Entdeckung zur nächsten führen. Überraschen Sie Ihre Besucher: Eine teilweise verborgene Form weckt Neugier; eine Wegbiegung kann plötzlich eine unerwartete Aussicht freigeben.

Soll das Wasser im Garten zirkulieren, benötigen Sie am Ende des Wasserlaufs ein Becken mit Tauchpumpe. Von dort aus wird es durch eine unterirdisch verlegte Schlauchleitung zurück zum Quellbecken gepumpt. Decken Sie die Leitung mit schmalen Platten ab, damit sie nicht irgendwann einmal versehentlich mit dem Spaten durchtrennt wird. Soll die Leitung direkt ins Quellbecken münden, benötigt sie ein Rücklaufschutzventil, damit das Wasser nicht in die falsche Richtung fließt. Ein Quellbecken hilft auch Wasser zu sparen und den Wasserverlust gering zu halten, wenn die Pumpe abgeschaltet wird. Eine Wassertreppe mit leicht nach oben geneigten Stufen, in denen sich kleine Teiche bilden, speichert ebenfalls Wasser.

Möchten Sie eine kleine Wassertreppe anlegen, sollte das Gefälle des Bachlaufs mindestens acht bis zehn Prozent betragen. Für einen langsam fließenden Bach genügen auch ein bis zwei Prozent. Je länger der Wasserlauf, desto höher muss die Quelle liegen, damit auch eine Strömung entsteht. Ein Steinbecken, das üblicherweise in flachem Gelände aufgestellt wird, könnte als Quellbecken oben auf einem Hügel deplatziert wirken, es sei denn, das Auge wird auf geschickte Art getäuscht: Wenn Sie ein sehr flaches Becken auf einen ganz sanft ansteigenden Hügel stellen, wirkt dieser niedriger als er tatsächlich ist. Auch mit verschiedenen Pflanzen lassen sich Höhenunterschiede auf ein optisches Minimum reduzieren.

Bei der Planung jeder Art Gartengewässer müssen Sie unbedingt auf die Sicherheit von Kindern achten, die möglicherweise im Garten spielen. Bedenken Sie, dass traditionelle japanische Gärten nicht als Kinderspielplätze gedacht waren.

gegenüber: *Wasser, das in mehreren flachen Stufen herab plätschert, wirkt bei Hitze besonders erfrischend. In den feuchtheißen japanischen Sommern sehnt man sich kühle Bergbäche herbei.*

oben: *Zuerst sprudelt der Wasserlauf zwischen Felsen dahin, dann weitet er sich zum sanften Bach mit breitem Kiesstrand, der ihn insgesamt größer wirken läßt.*

Eine niedrige Veranda aus Holzplanken kann einen wunderschönen Aussichtsplatz für Ihren Wassergarten darstellen. Kleine Formsträucher, die vor der Veranda gepflanzt werden, vermitteln auf harmonische Weise zwischen den beiden Ebenen.

gegenüber: *Ausgewachsene Bäume und Sträucher lockern den Teichrand auf und gliedern den Raum.*

oben: *Wasser stürzt aus einem Bambusrohr in ein Steinbecken, das in einen Teich überfließt. Das Becken aus Naturstein wirkt wie vom Wasser ausgehöhlt. Diese Komposition erinnert lebhaft an eine Bergquelle.*

Steinbecken

Ist der Garten zu klein für einen Teich, wäre vielleicht eine Anlage mit einem Steinbecken eine hübsche Alternative. Steinbecken sind ein unverzichtbarer Bestandteil japanischer Teegärten, ursprünglich, um die Hände zu waschen und den Mund zu spülen. Selbst als Zierstück sollten sie zweckentsprechend aussehen und mit einem „Hishaku“, einer Bambuskelle, ausgestattet sein, um Wasser über die Hände zu gießen. Ein Wasserschöpfbecken kann ein ausgehöhlter Naturstein oder ein elegantes Kunstwerk verschiedener traditioneller Stilrichtungen sein. Eine beliebte Form hat die runde, fünfblättrige Blüte der Japanischen Aprikose („Mume“) zum Vorbild, eine andere die vielblättrige Chrysanthemenblüte. Weit verbreitet ist auch das „Natsume“, ein hohes, aber stämmiges, zylindrisches Becken, benannt nach der Frucht des Jujube-Strauchs (*Ziziphus jujuba*). Auch runde Münzenformen sind häufig, oft mit Basreliefs chinesischer Schriftzeichen auf dem Rand. Einer dieser Beckentypen heißt „Fusen“ nach der gleichnamigen chinesischen Münze, die als Vorbild diente. Ein anderer ist nach dem Tempel Ryoan-ji benannt, wo sein berühmter Prototyp steht. Um die quadratische Beckenöffnung steht in vier chinesischen Schriftzeichen: „Das einzig Wichtige ist zu wissen, wie man Zufriedenheit erlangt.“ Ein quadratisches Becken im „Ginkakuji“-Stil hat Flechtmuster auf drei Seiten. Andere mit Basreliefs von Buddhas beziehen sich auf die Zeit, als man in den Teegärten altes Tempelmauerwerk wieder verwendete.

Zu einem Wasserschöpfbecken gehört auch ein traditionelles Felsarrangement namens „Tsukubai“. Das Becken wird am Rand einer auch „der Ozean“ genannten Ablaufgrube eingelassen, die das überlaufende Wasser auffängt. Ihr Mörtelbett kann mit Kieseln verziert, die Abflussöffnung mit frei liegenden Steinen kaschiert werden. Manchmal deckt ein Turm aus vier, fünf Steinen die Öffnung ab, aber Vorsicht: Besucher dürfen keine Wasserspritzer abbekommen. Je größer das Becken, desto flacher und breiter muss die Grube sein. Kleine Becken können auch aufgeständert in der Grube stehen, die nie tiefer sein darf als das damit verbundene Abwassersystem, sonst läuft das Wasser nicht richtig ab.

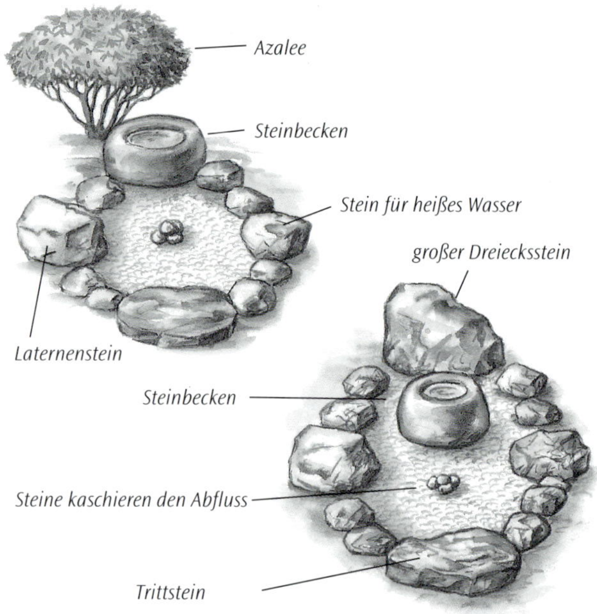

Steinbecken-Arrangements

Dem Becken gegenüber auf der anderen Seite der Grube, im allgemeinen etwa 70 cm von der Beckenmitte entfernt, liegt ein flacher, niedriger Stein, der so groß und stabil sein soll, dass ein Erwachsener bequem darauf stehen kann. Er ist größer und etwas höher als die anderen Trittsteine im Garten. Im traditionellen „Tsukubai“-Arrangement liegt rechts von ihm ein etwas höherer flacher Stein. An kalten Tagen stand dort für die Gäste der Teezeremonie heißes Wasser bereit. Ein noch etwas höherer Stein links des Trittsteins bot bei abendlichen Teezeremonien einer Laterne Platz. Andere Teetraditionen haben die Position dieser beiden Steine vertauscht. Hinter dem Becken erhebt sich manchmal ein großer hoher Fels oder immergrüner Strauch, der dem Arrangement Schutz, aber auch Höhe gibt.

Sand

rechts: *Im Bloedel-Reservat, Bainbridge Island, Washington, wurde ein abstrakter Trockengarten mit drei Felsgruppen überzeugend in einen offenen Landschaftsgarten integriert. Man vermisst keinen Zaun, der den „japanischen" Bereich eigens kennzeichnen müsste. Die Dreiergruppe im Vordergrund illustriert die traditionelle Anordnung von Steinen in einem ungleichseitigen Dreieck.*

Fließendes Wasser und weißer Sand verbreiten im Garten eine Atmosphäre der Stille und Reinheit. In den Gärten der Shinto-Schreine ebenso wie in buddhistischen Tempelgärten kennzeichnete weißer Sand einen sakralen Raum. So gesehen verleiht Sand dem Garten eine spirituelle Dimension ohne Bezug auf eine bestimmte Religion. Sand spielt bei vielen japanischen Gartentypen eine bedeutende Rolle. Ist für ein Gartengewässer kein Platz, kann Sand einen Fluß, Teich oder sogar das Meer repräsentieren – praktischerweise, ohne dass man den Untergrund abdichten muss. Ein noch entscheidenderer Vorteil ist allerdings, dass auch winzige dunkle Binnengärten mit weißem Sand heller und größer wirken.

In den Gärten des alten Kyoto benutzte man keinen Seesand, sondern feinen weißen, gesiebten Granitkies. Für einen Sandgarten braucht man groben Sand oder fein gekörnten Kies (3-8 mm). Zu feinen Sand weht der Wind fort. Seesand ist auch wegen seiner glatten runden Körner ungeeignet, die beim Harken der Muster ständig verrutschen. Vor dem Kauf von Kies oder Sand sollte man auf jeden Fall die Farbe prüfen, und zwar sowohl in trockenem, als auch in nassem Zustand.

Für einen Sandgarten wird zuerst einmal der Boden geebnet, geglättet und gut fest gewalzt. Dann kommt eine Lage grober Kies darüber und darauf eine etwa 5 cm starke Beton- oder Mörtelschicht. So bleibt der Sand sauber und es wächst auch kein Unkraut durch. Die Betonschicht braucht unbedingt Drainagelöcher für Regenwasser, das dann durch die Kiesschicht versickert oder durch Abflussrohre geleitet wird. Auf kleinen Flächen kann man statt Beton auch gelochte Polypropylenfolie verwenden. Wird der Sand schmutzig, kann man ihn ganz einfach mit dem Schlauch abspülen. Zur Einfassung des Sandgartens kommen verschiedene Materialien in Betracht – Ziegelsteine, Natursteine, Pflastersteine, Dachziegel oder Holz, aber bitte auf gar keinen Fall Kunststoff. Je nachdem, ob Sie Muster rechen möchten oder nicht, wird dann eine 3-10 cm hohe Sandschicht aufgetragen. Wenn ein Muster wirken soll, muss es mindestens 5 cm tief sein. Es kann aber auch noch tiefer sein, Hauptsache, Beton oder Folie scheinen nicht durch das Muster hindurch.

Bevor man ein Muster harkt, wird der Sand gefegt, am besten mit einem Reisigbesen, und dann mit einem an einem langen Stiel befestigten Brett geebnet. Heute werden die Muster oft mit gewöhn-

Traditionelle Sandmuster

konzentrische Wellen

Strudel

Meereswellen

konzentrische Wellen perspektivisch

Flusswellen

Brandung

Fluss

lichen Gartenrechen gezogen, aber viele berühmte Tempel verfügen über ganz spezielle Holz- oder Bambusharken. Es gibt viele traditionelle Sandmuster. Alle stehen sie dem interessierten Gärtner zur Auswahl, um nach Belieben damit zu experimentieren. Traditionelle Motive variieren oft das Thema Wellen. Auch in Zen-Gärten symbolisiert Sand die ständige Bewegtheit des Wassers. Parallele, leicht gewellte Linien bedeuten je nach Abstand der Linien einen stillen Bach, Fluss oder Ozean. Einige Muster sind naturalistisch, andere stark stilisiert. Ein beliebtes Muster, das hohe Meereswellen darstellt, wird im Westen oft mit Fischschuppen verwechselt. Man findet es auch als Stoff- und Papiermuster. Wirbel und Spiralen bezeichnen Strudel. Harkt man konzentrische Kreise um einen Felsen, entsteht zum einen das Bild einer Insel im Ozean en miniature, zum anderen denkt man an ein Steinchen oder Blatt, das gerade in den Teich gefallen ist.

Bach

stilisierte Wellen

stilisierte Meereswellen

stilisierte Meereswellen

Wege und Trittsteine

rechts: *Die Steinbank fügt sich gut in die Landschaft. Die Knollenbegonie* Begonia grandis *ssp.* evansiana *passt gut an Steinbänke und Wasserbecken. Als Alternative kommt* Ardisia crispa *in Frage, die besonders gut mit Moos harmoniert und im Winter rote Beeren trägt, oder die Mandarinorange mit ihren großen ovalen, glänzenden hellgrünen Blättern.*

Trittsteine wurden zuerst in Teegärten verwendet, denn so konnte man Wege anlegen, ohne den naturalistischen Eindruck der Bepflanzung zu zerstören. Eingelassen zwischen Moos oder Bodendeckern verwischten sie erfolgreich die Grenze zwischen Weg und Bepflanzung. Wege halten Besucher auf Distanz zum Garten, aber Trittsteine locken sie mitten hinein. Auch reine Zier-Trittsteine sollten genau wie Steinbecken immer funktional wirken. Die japanische Gartenkunst hat über Jahrhunderte hinweg verschiedene stilisierte Varianten entwickelt, doch man darf nicht vergessen, dass sie alle ursprünglich ganz praktischen Zwecken dienten. Eine Form, die ihren Zweck erfüllt, hat ihre eigene Schönheit. Trittsteine dicht an einer Hecke und solche, die nirgendwohin führen – auch zu weit auseinander liegende, bizarr angeordnete oder stark gerundete, sind unangemessen, auch wenn sie nur dekorativ gemeint sind.

Trittsteine müssen flach und mindestens 20-30 cm groß sein, damit man leicht und sicher darauf gehen kann. Sie dürfen auch keine Vertiefung haben, denn sonst sammelt sich Wasser darauf. Sie sollen mindestens 10 cm stark sein und etwa 3-9 cm aus dem Boden ragen (in Teegärten weniger, in Privatgärten mehr). Die Kunst, einen Trittsteinpfad aus Natursteinen auszulegen, besteht darin, die unregelmäßigen Formen der Steine so zusammenzustellen, dass es auch gut aussieht.

Der Abstand zwischen den Steinen beträgt meist 10 cm, doch er hängt auch von der Größe der Steine ab. Berechnen Sie die Entfernung nach Ihrer Schrittlänge. In Japan sind 50 cm der übliche Abstand von Trittsteinmitte zu Trittsteinmitte. Im Teegarten sind jedoch kleinere Schritte erwünscht. Jeder größere Abstand macht das Gehen in japanischer Kleidung schwierig. Im Gegensatz zur westlichen Vorstellung sind Kimonos keine locker fließenden Gewänder. Sie sind in der Taille sehr eng geschnürt, nicht mit einem dünnen Schal, sondern mit einem breiten, kräftigen Seidengürtel. Von Frauen wird erwartet, dass sie züchtig einhergehen, ohne dass ihr Kimono aufspringt. Die traditionellen Sandalen – mit einem Steg zwischen den Zehen – verkürzen ebenfalls die Schrittlänge der Frauen, auch wenn Männer etwas weiter ausschreiten dürfen. All dies hatte Auswirkungen auf die Entwicklung der traditionellen Zickzackmuster von Trittsteinwegen.

Sind Ihre Steine verschieden groß, können Sie immer abwechselnd einen großen und einen kleinen

verlegen, wobei der Abstand von Steinmitte zu Steinmitte immer gleich bleiben sollte. Manchmal werden kleine Ziersteine in das Wegmuster integriert. Ovale Steine werden nicht nur längs verlegt, wie zu erwarten wäre, sondern oft auch quer, um die Dynamik des Weges nicht überzubetonen. Wege sollten auf gar keinen Fall im rechten Winkel aufeinander treffen. An Weggabelungen kann ein etwas größerer Stein liegen, der zugleich als Aussichtspunkt dient. An einer solchen Stelle steht oft ein attraktiver Solitärbaum oder eine Steinlaterne. Größere, eindrucksvollere Steine werden gern dicht am Haus auf einer größeren, freien Fläche verlegt. Ein höherer Felsen findet sich meistens als Stufe an der (erhöhten) Veranda.

Sind die Trittsteine im Boden verlegt, kann man sie mit Kies oder Sand einfassen oder Moos dazwischen

oben: *Hier werden fast ausschließlich Felsen und Grünpflanzen eingesetzt, um verschiedene Höhen und Strukturen auszuspielen. Die Schwertlilien im Vordergrund setzen im Frühjahr einen frischen Farbakzent.*

links: *Kunstvoll wurden Steine verschiedener Größe und Form aneinandergepasst, um diesen eindrucksvollen Weg vom Haupttor zum Eingang des Ryugen-in, eines Nebentempels des Daitoku-ji in Kyoto, zu pflastern.*
In diesem Garten wurde Symmetrie sorgfältig vermieden. Die massive „Kasuga"-Laterne zieht sofort den Blick auf sich und führt ihn dann weiter zu einem frei stehenden Findling. So verfällt der Betrachter der Annahme, der Garten sei viel tiefer, als er tatsächlich ist. Der Torweg wird teilweise von Bäumen verdeckt.
Die Bepflanzung besteht fast ausschließlich aus Immergrünen, doch in eine solche Umgebung passt auch der im Herbst duftende Osmanthus fragrans *f.* aurantiacus.

Trittsteinmuster

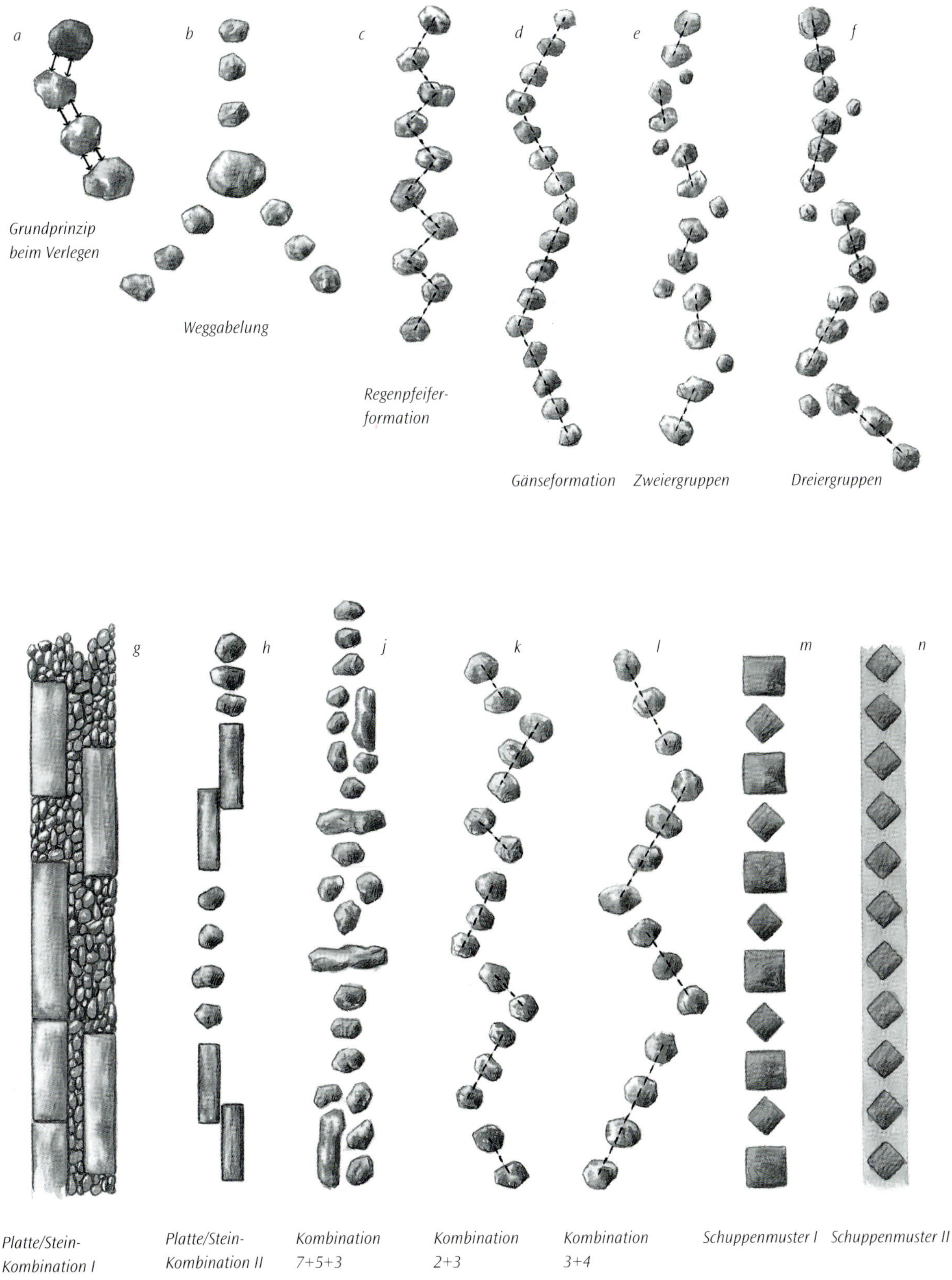

links: *Trittsteine werden so aneinander gereiht, dass ihre geraden Kanten etwa parallel zueinander liegen (a). Das geschieht, damit der Trittsteinweg auf ganzer Länge etwa gleich breit wirkt. Träfen Steine mit den Ecken aufeinander, würde sich der Weg dort optisch verjüngen. Jeder Stein hat mehr oder weniger gerade Kanten, es sei denn, er ist rund.*
An Weggabelungen liegt ein großer flacher Stein. Es kann auch ein dekorativer Stein von anderer Art sein, z. B. ein Mühlstein (b). Er sollte so groß sein, dass eine Person bequem darauf stehen kann.
Regenpfeifer- und Gänseformation (c, d) sind die Grundmuster der Zickzackpfade. Die Kombinationen 2+3 und 3+4 (k, l) sind davon abgeleitet. Die Zweier- und Dreiergruppen (e, f) wollen das Muster so unaufdringlich wie möglich wirken lassen. Sie eignen sich besonders für Teegärten, wo sich der Pfad zwischen Bäumen und Sträuchern entlang windet.
Die Platte/Stein-Kombination I (g) passt auf den Weg zum Tor oder zum Eingang, die Platte/Stein-Kombination II (h) und die Kombination 7+5+3 (j) eignen sich für offenes Gelände, ebenso Schuppenmuster I (m) und II (n). Das Schuppenmuster I ermöglicht auch schön geschwungene Pfade. Kobori Enshu machte es dadurch berühmt, dass er es in Konchi-in, einem Garten des Tempels Nanzen-ji in Kyoto, über eine Sandfläche führte.

wachsen lassen. Für einen formalen, geraden Weg eignet sich besonders gut eine Kombination aus kleineren Natursteinen und rechteckigen Pflastersteinen, die zu einem geometrischen Muster verarbeitet werden. Ein Pflaster dieser Art kommt besonders für stark beanspruchte Wege in Frage und ist deshalb häufig auf dem Gelände von Klöstern und Schreinen zu sehen. Es ist auch ideal für den Zuweg zur Haustür. Dem Kopfsteinpflaster ähnlich ist es dennoch weniger belastend für Knöchel und Fußsohlen, weil die Steine flacher sind.

Zuerst wird ein Kiesbett für den Weg vorbereitet. Höhere, schwere Steine können dann direkt in die darüber gelegte Mörtelschicht (1 Teil Zement auf 2,5-3 Teile Sand) gebettet werden. Bei flacheren Steinen wird das Kiesbett erst mit einer 10 cm hohen Betonschicht überzogen, die dann ein, zwei Tage trocknen muss. Erst dann folgt die Mörtelschicht mit den Steinen. Sind die Steingrößen gemischt, verlegen Sie zuerst die größeren Steine wie beschrieben und füllen dann für die flacheren Steine die Zwischenräume mit der Betonschicht. Ein Kiesrand gibt einem solchen Weg den letzten Schliff.

links: *Zwar bilden Kiefern und Immergrüne das Rückgrat der meisten traditionellen japanischen Gärten, doch an Wegen ist auch der Ahorn beliebt, weil er im Frühjahr, Sommer und Herbst einen schönen Halbschatten wirft. An einem klaren Herbsttag sehen die karminroten sternförmigen Blätter vor dem tiefblauen Himmel aus, als trieben sie auf dem Wasser.*

gegenüber: *Ein traditioneller „Roji“ oder Teegarten erinnert an eine rustikale japanische Waldeinsiedelei in den Bergen. Die Bepflanzung ist sehr zwanglos. Der Weg schlängelt sich zwischen üppigem Farn und* Farfugium japonicum, *was den Eindruck der Abgeschiedenheit und Stille noch verstärkt. Dieser Garten gehört der Familie Tabuchi in Ako, Japan.*

Brücken

Trittsteine, die über ein flaches Fließgewässer führen, wirken sehr naturalistisch, aber für formale japanische Gartentypen verwendet man traditionelle Brückenformen.

Die hölzerne Bogenbrücke mit zinnoberrotem Geländer ist wohlbekannt. Sie muss sehr umsichtig platziert werden, damit die leuchtende Farbe nicht alles andere im Garten übertönt. Am besten ist sie in großen Gärten aufgehoben, wo man sie von fern sehen kann und eine zarte Trauerweide oder ein Fächerahorn am Fuß der Brücke ihre Dominanz etwas zurücknimmt. In Japan gehörte dieser Brückentyp im 10. und 11. Jahrhundert in die Lustgärten des Adels mit ihren Teichen und kleinen Inseln. Reservieren Sie die zinnoberrote Brücke für eine besonders dramatische Garteninszenierung.

rechts: *Natursteine, die über einen flachen Bach führen, sehen besonders in den heißen Sommermonaten sehr einladend aus. Flache, in regelmäßigen Abständen verlegte Natursteine bieten sicheren Tritt und wirken ungekünstelt.*

Auch andere elegante Holzbrücken, gebogen oder gerade, verbanden die Inseln jener Teichgärten des Adels von Kyoto und ebenso die der Wandelgärten späterer Epochen. Oft waren die Brücken so konzipiert, dass sie ein schönes Spiegelbild in den tiefen See warfen. Wo der Teich mit Japanischer Prachtiris, Binsen und Seerosen bepflanzt war, wurde meist eine Zickzackbrücke (Yatsuhashi) bevorzugt. Dieser Brückentyp ist noch immer sehr beliebt. Es handelt sich dabei um eine Art schmaler Holzsteg, der dicht über der Wasseroberfläche im Zickzack über den Teich oder See führt, so dass man buchstäblich zwischen den Wasserpflanzen spazieren gehen kann.

In kleinen Gärten verzichten Sie besser auf Brücken in auffälligen Farben. Eine hölzerne Bogenbrücke aus kleinen Stämmen oder Planken, farblos lackiert, damit die Holzmaserung gut herauskommt, kann die rustikale Note japanischer Gärten unauffällig unterstreichen. Sie können sogar eine Rasenbrücke bauen: Auf einen Steg aus Rundhölzern kommt eine Lage Bambus, darüber eine Schicht dünner Zinkplatten, darauf die Rasensoden. Eine Rasenbrücke sollte kein Geländer haben. Kurze Brücken sehen generell ohne hohes Geländer viel besser aus, aber im Zweifel hat bei der Brückenplanung natürlich die Sicherheit Vorrang.

Während Rasen- und Bogenbrücken sich besonders für Gärten mit dichten niedrigen Bodendeckern eignen, werden in Moos- und Trockenlandschaftsgärten schlichtere Brücken verwendet. Oft bestehen sie lediglich aus einer langen flachen Felsplatte, die an den Ufern zwischen zwei verschieden hohen Felsen aufliegen kann. Felsbrücken sind ideal

für schmale Bäche in kleinen Gärten, wo eine Holzbrücke mit Geländer den Rahmen sprengen würde. Auch in Trockenlandschaftsgärten führen solche Felsstege über Sand- und Kiesbäche. Um einen breiten, flachen Bach zu überbrücken, kann man zwei Steinplatten aneinander legen. Ein großer Felsen mitten im Wasser stützt die freien Enden ab.

In Teegärten sieht man an Stelle von Natursteinen manchmal aus einem Stück gehauene Steine, die leicht gebogen sind. Inzwischen sind sie auch im Westen erhältlich. Sie stellen eine gute Alternative zu verwitterten Natursteinen dar, wenngleich ihre harten, geraden Kanten oft etwas künstlich wirken. Dieser Brückentyp gehörte traditionell an Wasserfälle und Kaskaden, ob trocken oder flüssig. Sie entsprachen der Vorliebe des Zen für eine strenge, schlichte Naturdarstellung und waren auch in den Wandelgärten der Zen-Tempel zu finden.

oben: *Eine „Yatsuhashi"-Brücke wirkt überhaupt nicht förmlich. Geländer gibt es nur an bestimmten Stellen, an denen es sich nach Ansicht des Gartenplaners vielleicht lohnt, eine Weile die Aussicht zu genießen.*

links: *Dieser Bereich des Projekts „An Oriental Garden", das „NJ Landscapes" für die „Malvern Show" 1998 entwarf, zeigt deutlich den Aufbau einer „Yatsuhashi"-Brücke, obgleich sie hier eher zur Zierde als zum Gebrauch bestimmt ist. Das Zickzackmuster wirkt am besten, wenn es sich frei über Flachwasser oder Sumpfland erstreckt.*

oben: *Eine dekorative Bogenbrücke ist meistens aus Holz gefertigt, aber gelegentlich besteht sie auch aus Stein oder Beton. Für kurze Brücken in kleinen Gärten empfiehlt sich ein schlichter Entwurf. Hier bleiben die Verzierungen auf die Pfosten beschränkt. Die rosa blühenden Grasnelken sollen ein Gebirgsszenario in Erinnerung rufen.*

Brückentypen

rechts: *Der Steg einer Rasenbrücke besteht aus einer dichten Reihe Rundhölzer, einer Schicht Bambusrohre und einer Schicht dünner Zinkplatten, auf denen Erde aufgetragen wird. Darauf kommen dann die Rasensoden. Die Erdschicht soll an den Rändern etwas höher sein. Verlegen Sie den Rasen so, dass seine Wurzeln die Erde am Platz halten.*

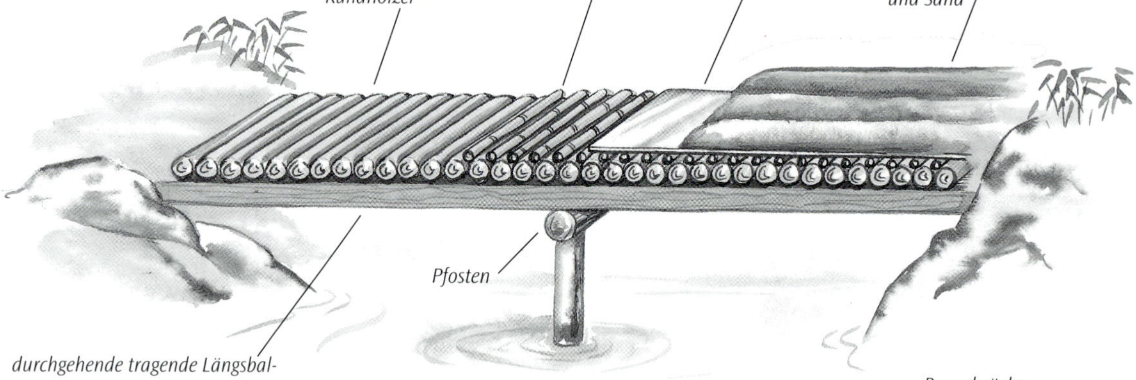

Rasenbrücke

oben: *Hier wurde eine geschickte Umkehr vorgenommen: Das Moos repräsentiert den Bach und der Kies das trockene Land. Die leichte Brücke besteht aus zusammengebundenen Kiefernstämmen – nach der gleichen Konstruktion wie die tragende Schicht einer Rasenbrücke. Man kann kleine Tuffs chinesischer Ballonblumen ins Moos setzen, um* Iris laevigata *am Bachufer nachzuahmen.*

Zickzack- („Yatsuhashi")–Brücke I

links: *Zickzackbrücken bestehen aus Holzplanken, die auf waagerechten Querstreben ruhen, die ihrerseits zwischen zwei Pfosten befestigt sind. Soll die Brücke mehr werden als ein Zierstück, muss sie stabil genug sein, um das Gewicht eines Menschen zu tragen. Die Hilfe professioneller Brückenbaufirmen wird dringend empfohlen.*

unten: *Das Zickzackmuster lässt sich bei Bedarf abwandeln. Diese Anordnung eignet sich für flache Bäche besser als Variante I. Man kann sie auch aus behauenem Gestein bauen. Derartige Brücken sind in Teegärten häufig. Steinbrücken aus einem Stück sind meist leicht gewölbt. Die Enden liegen, wie bei Steinbrücken üblich, oft zwischen je zwei Felsen verschiedener Höhe auf.*

Zickzack- („Yatsuhashi")-Brücke II

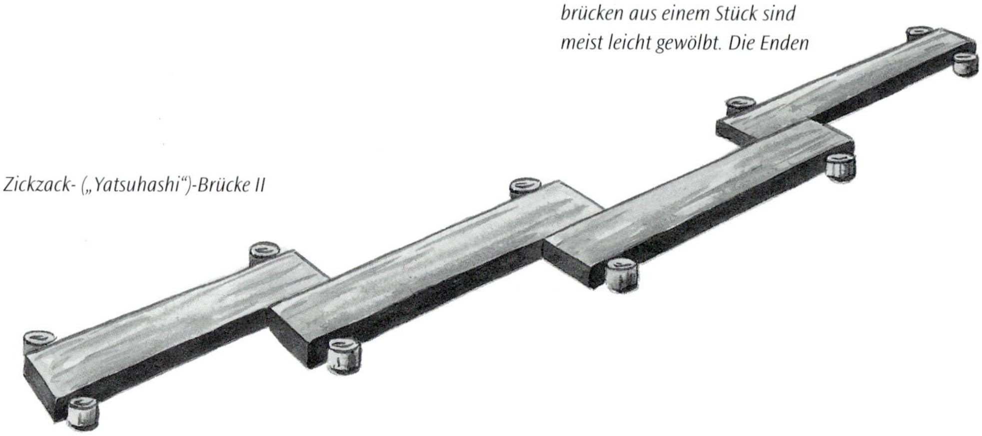

links: *Eine kurze „Yatsuhashi"-Brücke kann statt aus Holzbalken auch aus Steinen bestehen. Für diese geometrische Brückenform eignet sich behauenes Gestein besser als für naturalistische Trittsteinbrücken (siehe S. 37). Diese Brücke entwarf Fred Watson für seinen Garten in Neuengland.*

Steinlaternen

rechts: *Das Original der berühmten „Kotoji"-Lampen, die am Wasser aufgestellt werden, befindet sich im Kenrokuen Park in Kanazawa am Japanischen Meer. Die Form erinnert an das Rahmenwerk der „Koto", der japanischen Zither.*

unten: *Es gibt vier Grundtypen von Steinlaternen: Die „Oki-gata" stellt man auf flache Steine (a); die traditionelle „Tachi-gata" verwendete man früher in Schreinen und Tempeln (b); die „Ikegomi-gata" steckt man mit dem Schaft in den Boden (c) und die Laternen mit Beinen (d) sehen zwischen runden Sträuchern am Wasser gut aus.*

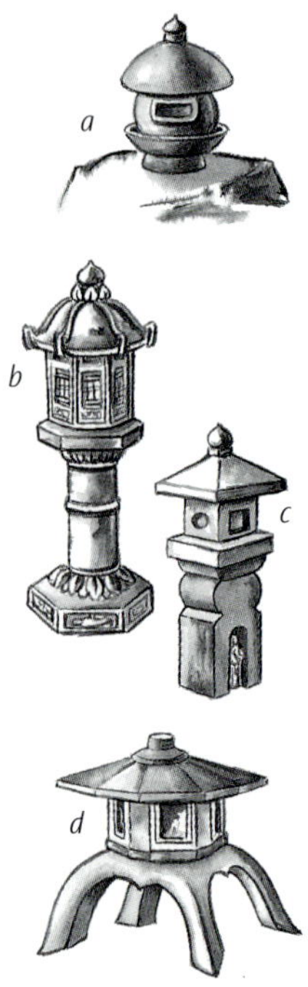

Schon immer säumten steinerne Votivlampen die Straßen und Wege zu Shinto-Schreinen und buddhistischen Klöstern. Sie verbanden Schönheit mit Nützlichkeit und wurden oft von den Gläubigen gestiftet. An bestimmten Feiertagen werden noch immer winzige Kerzen in die Laternen gestellt und ihre Öffnungen mit Reispapier abgeschirmt, um den Teilnehmern abendlicher Rituale den Weg zu erleuchten.

Laternen gelangten mit der Entwicklung der Teegärten im 16. Jahrhundert in den Garten. Der größte Teemeister, Sen-no-Rikyu, soll sie in seinen Teegarten eingeführt haben, weil er den fernen Schein bewunderte, doch die Laternen dienten dem doppelten Zweck, den Garten zu schmücken und Gästen auf dem Weg zu abendlichen Teezeremonien zu leuchten. Heute sind sie meistens Dekoration, aber ihr eigentlicher Zweck sollte bei der Platzierung eine Rolle spielen. Sie passen z. B. zu einem „Tsukubai"-Arrangement, wenn das Becken keinen Stein für eine Handlaterne hat.

Es gibt vier Grundtypen von Steinlaternen, deren Gebrauch sich leicht unterscheidet. Die Standardlaterne hat sowohl einen Schaft als auch einen Sockel. Sie ist bekannt als „Tachi-gata", stehende Laterne. Viele davon sind nach alten Tempeln benannt, wo man ihre Prototypen noch immer finden kann.

Am bekanntesten ist die sechsseitige Laterne des „Kasuga"-Schreins in Nara. Die meist großen, kunstvoll behauenen „Kasuga"-Laternen sind zwar sehr auffällig, strahlen aber dennoch Würde und

Gelassenheit aus und wirken an Wegen, Toren, Eingängen oder vor hohen Sträuchern sehr eindrucksvoll. Als Ergänzung passt eine einzelstehende Kiefer, *Ilex integra, I. crenata* (Japanische Stechpalme), *Ternstroemia gymnanthera, Taxus cuspidata* (Japanische Eibe), *Torreya nucifera* (Nusseibe) oder *Viburnum japonicum* (Schneeball). Ein schöner Kontrast für diesen ehrwürdigen Laternentyp wären ein eleganter Fächerahorn, *Ilex serrata* oder der Flügel-Spindelstrauch (*Euonymus alatus*).

Ein bescheidenerer Laternentyp ohne Sockel heißt „Ikegomi-gata". Diese Laternen werden direkt in den Boden gesteckt. Sie kommen sehr gut im Binnengarten vor dichter Bepflanzung, aber auch auf Kies und Sand zur Geltung, denn ihre einfache Form ergänzt die Strenge dieser Materialien. Mit ihrer bestechenden Schlichtheit passen sie ebenso in Teegärten und neben flache Steinbecken. Der berühmteste Vertreter dieses Typs ist „Oribe-gata", leicht erkennbar an den Rundungen am Schaft.

Der dritte Typ, „Oki-gata", hat keinen Schaft. Diese Laternen werden auf einen flachen Stein gestellt. In Wasser- und Steingärten gleichermaßen ziert eine solche Laterne oft eine Landzunge, wo sie an einen Leuchtturm auf einem Kap erinnert.

Der vierte Laternentyp hat Füße. Die Laternen können achteckig, sechseckig oder rund sein und zwei, drei, vier oder mehr Füße haben. Die bekannteste heißt „Yukimi-gata" und sieht besonders im Schnee schön aus. Diese kurzen kompakten Laternen sind auch am Wasser gut zu gebrauchen.

Es gibt außerdem Speziallaternen für Uferplätze mit einem oder mehreren gebogenen Schäften und rechteckige Laternen mit Gitterfenster in Form altmodischer japanischer Straßenschilder („Michi- shirube"), die in regelmäßigen Abständen aufgestellt als Wegbeleuchtung dienen. Eine weitere Variante ist die Pagodenform. Sie kann zwischen drei und elf Stufen haben, aber immer eine ungerade Anzahl. Pagodenlaternen gibt es in verschiedenen Stilrichtungen. Den japanischen Stil erkennt man daran, dass kaum Abstand zwischen den einzelnen Dächern besteht, den pseudo-chinesischen an den verzierten Fenstern. Ein Hang in einer entfernten Ecke des Gartens ist der beste Platz für eine hohe Pagode, wo sie wirkungsvoll große Entfernung signalisiert. In ebenen Gärten braucht eine Pagode schlanke hohe Bäume und dichte Sträucher, um nicht gar zu ausgestellt zu wirken.

oben: *Eine runde „Oki-gata" steht typischerweise an der Spitze einer Landzunge aus Kieseln. Eine der bedeutendsten ihrer Art in Japan kann man im Kaiserpalast Katsura bei Tokyo sehen. Die Laternen entfalten ihre Wirkung auch auf sehr kleinem Raum oder im Steingarten. Diese Laterne ziert einen Garten in Augsburg.*

Pergolen

rechts: *Eine Blauregen-Pergola kann man über einen Bach, Teich oder – wie hier im Garten Plantbessin in der Normandie – über einen Weg bauen. Colette und Hubert Sainte-Beuve errichteten die Blauregen-Pergola an einer Wegkreuzung. Sie fügt sich gut in die Bepflanzung im westlichen Stil ein.*

Die graziösen, lavendelblauen Blütentrauben des Blauregens sind vor hellem Gestein oder Ziegelmauern von geradezu edwardianischer Eleganz. Inzwischen ist der Blauregen auch im Westen schon fast eine Standardpflanze. Erstaunlich genug gedeiht er ausgezeichnet im Pflanztrog, solange man ihn immer auf die passende Größe zurückschneidet, damit er nicht an Versorgungsmangel leidet.

In Japan wird Blauregen im allgemeinen sorgfältig an einer Pergola erzogen. Das lohnt sich besonders beim japanischen Blauregen (*Wisteria floribunda*), denn seine Blütentrauben können bis 60 cm lang werden, die des Chinesischen (*W. sinensis*) nur etwa 20-30 cm. Im Frühsommer wird die Pergola zur wogenden Blütenkuppel. In Japan gibt es vielerorts sehr alte berühmte *Wisteria*-Pflanzen an solchen Pergolen, die im Garten immer einen besonderen Platz einnehmen. Nichts sollte ihnen den Rang streitig machen. Unbeeinträchtigt von anderen Pflanzen darf der Blauregen vor dem beruhigenden dunkelgrünen Hintergrund formschöner Kiefern prangen. Auch der Stamm der Pflanze gilt als schön – um so mehr, je älter sie ist. Blauregen wird so gepflanzt, dass man die ganze Pflanze sehen und bewundern kann, ob sie nun gerade blüht oder nicht. Oft hat die Blauregen-Pergola einen sauberen weißen Kiesboden, und dort steht auch eine einfache Bank ohne Rücken- oder Armlehne, meist eine schlichte Steinplatte oder ein polierter Baumstumpf mit deutlich erkennbaren Jahresringen.

Pfosten und Querbalken der Pergola sind zumeist aus dem Holz der Feuer-Scheinzypresse. Sie werden mit einem Schutzanstrich versehen, damit sie nicht faulen. Traditionell wurde das Holz gehobelt und dann auf Hochglanz poliert. Eine aus Stämmen gebaute Pergola wirkt rustikaler als eine Konstruktion aus gesägten Balken und ist besonders bei einer kleinen Pergola mit nur ein, zwei Pflanzen deutlich vorzuziehen. Die Pfosten werden oben durch Querbalken untereinander verbunden. Die Pergola sollte mindesten 2,50 m hoch sein.

Typisch japanisch ist ein Bambusspalier an der Pergola. Es besteht aus etwa 5 cm starken Bambusrohren, die in Abständen von 30-45 cm mit Draht zu einem einfachen, gleichmäßigen Gitter zusammengebunden sind. Verwendet man dickere Rohre, wirkt es zu schwer und erdrückend. Der Abstand zwischen den tragenden Pfosten der Pergola kann sechs bis acht Spalierfelder, also circa 2 m betragen. Das

Spalier sollte an den Seiten der Pergola noch ein Feld weit überstehen. Die Pergola soll insgesamt leicht wirken, aber sie muss doch so stabil sein, damit sie das beträchtliche Gewicht eines ausgewachsenen Blauregens aushalten kann.

Es dauert meist recht lange, bis Blauregen zu blühen beginnt. Die „Issai"-Varietäten blühen jedoch eher als traditionelle Sorten. Von Frühjahr an treibt der Blauregen lange windende Triebe, die im Spätsommer zurückgeschnitten werden. Lassen Sie aber in den ersten beiden Jahren einige stehen um damit das Spalier zu bedecken. Schneidet man die Triebe dann im Spätwinter auf 30 cm bis 1 m zurück, bildet die Pflanze kurze Sprossen mit Blütenknospen.

oben: *Von hier zeigt sich der voll erblühte Blauregen als malerischer Durchgang zum fernöstlichen Teil des Gartens. Eine Blauregen-Pergola ist eine wunderbar ungezwungene Laube. In großen Gärten bietet eine Pergola aber auch Platz für einige schmucke Solitärpflanzen.*

Zäune

rechts: *Die japanische Sitte, vom Bambus die unteren ZWeige zu entfernten, bringt seine graziösen Rohre gut zur Geltung. So entsteht ein charakteristischer, kühler, stiller Bambushain. Hoch oben schließt ein dichtes Blätterdach die erbarmungslose Sommersonne aus, unterhalb wird alles in ein zauberhaftes grünes Licht getaucht und es herrscht Ruhe und Frieden.*

gegenüber: *Zweige des Fieberstrauchs (*Lindera umbellata*) sind ein beliebtes Material für rustikale Zäune (siehe auch S. 118). Die glänzend rotbraune Rinde schmückt ländliche Gärten ausgezeichnet. Geduldig wurden die Zweige von hinten nach vorn, Reihe für Reihe übereinander, zwischen waagerechten Bambusstreben befestigt.*

Je kleiner ein Garten ist, desto mehr Gewicht bekommt ein Zaun. Zu einem Garten im japanischen Stil passen auch an dieser Stelle besser natürliche Materialien als irgendwelche Kunststoffe. Das wichtigste Baumaterial für Zäune ist natürlich der Bambus. In Japan werden verschiedene Bambussorten zu unterschiedlichsten Zwecken geerntet, so dass er in allen Stärken erhältlich ist. Selbst bis zu 15 cm starke Rohre kann man inzwischen auch im Westen bekommen. Ein Bambuszaun ist keine Dauereinrichtung. Er verwittert und wird etwa alle fünf Jahre erneuert.

Ein weiteres Charakteristikum japanischer Zäune besteht darin, dass weitgehend auf Nägel verzichtet wird. Im allgemeinen werden die Bambusrohre mit einem Seil verflochten oder zusammengebunden, das traditionell aus Hanffasern besteht. Da das Seil schwarz ist, bekommt der Zaun auf diese Weise deutliche Farbakzente.

Bambuszäune können dicht oder locker geflochten werden, je nachdem, wie viel Privatsphäre gewünscht ist. Zäune mit großen Zwischenräumen sind meist auch niedrig und dienen dazu, im Garten bepflanzte Partien abzugrenzen. Der Grundtyp ist der „Yotsume"-Zaun, ein vier Felder hohes Gitterwerk aus waagerechten und senkrechten Streben. Der „Kinkakuji"-Zaun, benannt nach dem berühmten Tempel Goldener Pavillon in Kyoto, hat ein ähnliches rechteckiges Gitter, aber zusätzlich oben einen Abschluss aus Spaltbambus. „Yarai"- und „Ryoanji"-Zäune sind diagonal gearbeitet, letzterer ebenfalls mit einem Abschluss aus Spaltbambus.

Dichte Zäune garantieren offenkundig mehr Privatsphäre als locker geflochtene. Sie sind genauso gut wie ein Wandschirm. Als perfekter Sichtschutz zäunen sie häufig zusammen mit einer Reihe von hohen Nadelbäumen oder Immergrünen große Gartengrundstücke ein. Ein solcher dekorativer Bambuszaun ist vielleicht die eleganteste Lösung, um zwischen Privatgrundstück und öffentlicher Straße eine hohe Barriere zu errichten, auch wenn man den Zaun dann möglicherweise nicht vom Haus aus bewundern kann. Manchmal ragen hohe Bäume und Sträucher noch über den Zaun hinaus und lockern mit ihren überhängenden Zweigen seine strenge Geradlinigkeit auf. Besonders blühende Bäume sind dafür sehr geeignet. Reicht ein Ast in den Garten, wird der Zaun einfach darum herum geführt.

Am häufigsten findet man den „Kenninji"-Zaun, eine hohe, dichte Reihe aus aufrechtem Spaltbambus,

der an waagerechte Streben aus halbierten Bambusrohren geflochten ist. Diese vier oder fünf Haltestreben (vier sind in Westjapan, fünf in Ostjapan üblich) befinden sich auf der Rückseite des Zaunes, doch auch auf seiner Vorderseite werden halbierte Bambusrohre angebracht, um die Seilknoten der Konstruktion zu kaschieren. Diese reinen Zierstreben werden mit schmückenden Knoten in großen, aber regelmäßigen Abständen befestigt. Soll der Zaun besonders formvollendet wirken, kann er noch einen waagerechten Abschluss aus gebündeltem Spaltbambus erhalten, aber in etwas zwangloserer Umgebung ist das nicht erforderlich. Zwischen den senkrecht stehenden Bambusrohren eines „Kenninji"-Zaunes darf es keine Abstände geben. Meistens werden Grundstücke damit eingezäunt, aber auch im Garten kann ein kurzes Stück geeignet sein, um Bereiche deutlich voneinander abzutrennen.

Steht ein „Kenninji"-Zaun auf einer niedrigen Steinmauer, wird diese Kombination „Ginkakuji"-Zaun genannt. Er wirkt besonders eindrucksvoll vor einer hohen Formhecke aus Nadelbäumen wie etwa am Zuweg des Tempels Silberner Pavillon in Kyoto, dem er seinen Namen verdankt. Bestehen die senkrechten Teile des Zaunes aus dünneren Bambusrohren, heißt er „Shimizu"-Zaun. „Takeho"-Zäune werden aus den Zweigen des Fieberstrauchs (*Lindera umbellata*) und „Hagi"-Zäune aus den schlanken Zweigen des Buschklees (*Lespedeza*-Arten) gefertigt. Diese Zäune aus Zweigen haben einen eigenen rustikalen Charme, besonders wenn das Material von einer anderen Farbe ist als der Bambus. Der Fieberstrauch z. B. hat eine kräftig rotbraune Rinde. Je gerader und gleichmäßiger die Zweige sind, desto glatter wird die Oberfläche des Zaunes. Sie kann aussehen wie frisch gekämmt, aber oftmals wird auch absichtlich gröberes Material verarbeitet, um dem Zaun ein ländlich idyllisches Flair zu verleihen. Selbst wenn die einzelnen Zweige fein und zart sind, soll der Zaun insgesamt doch stabil wirken. Manchmal wird das dünnere Material in der Waagerechten verarbeitet. Das lenkt die Aufmerksamkeit auf die senkrecht verlaufenden, dicken Bambusrohre und hat zur Folge,

dass die Höhe des Zaunes stärker betont wird als seine Breite.

In Japan ist es sehr beliebt, den Garten nur teilweise abzuschirmen, anstatt ihn vollständig einzuzäunen. Sehr kleine Gärten haben oft einen hohen, dichten Zaun im rechten Winkel zum Haus, der gleichzeitig als Windschutz an der Tür fungiert. Ein solcher „Sode-gaki", eine Art Paravent, ist ebenfalls sehr praktisch, um Teile des Gartens abzuschirmen. Für einen „Sode-gaki" kommt jede Art von Geflecht in Frage – locker oder dicht, elegant oder rustikal – je nach beabsichtigtem Zweck und nach dem

oben: *Dieser Paravent aus Bambus (siehe auch S. 118) neben dem Hauseingang schirmt das Gebäude teilweise zur Straße hin ab. Der Zaun ist zwar rustikal, doch schön genug gearbeitet, um an so exponierter Stelle bestehen zu können. Das Ende schmückt ein dekoratives Bündel Bambusrohre.*

gegenüber: *„Kenninji"- Zäune (siehe auch S. 118) werden am häufigsten verwendet, um Grundstücke und Gärten vor fremden Blicken zu schützen.*

Bambuszäune flechten

Technik A

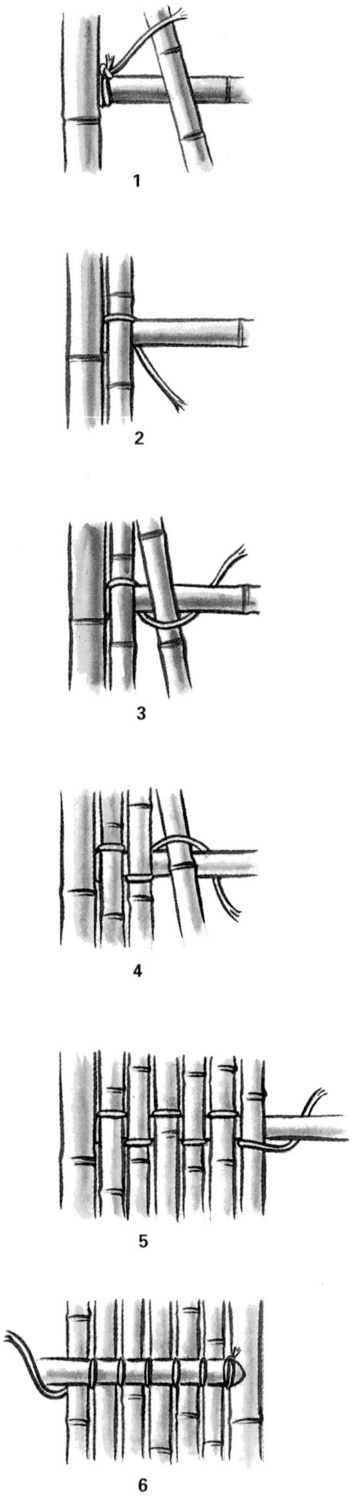

(von hinten gesehen)

„Kenninji"-Zaun: *Es gibt zwei Techniken, den Spaltbambus mit einem fortlaufenden Seil senkrecht an die waagerechten Streben zu flechten. Das unattraktive Flechtwerk der Technik A verblendet man später mit waagerechten Zierstreben aus halbiertem Bambus, die mit dekorativen Knoten (siehe C) befestigt werden.*
Technik B erzeugt ein hübsches Flechtmuster für „Kenninji"-Zäune. (siehe Beispiel auf S. 116)

Zweigzäune: *Bei einem Zweigzaun (siehe S. 115 und 117) werden die senkrechten Zweige in mehreren Schichten zwischen dünnen waagerechten Streben aus Spaltbambus befestigt, die in regelmäßigen Abständen zusammengebunden werden. Dadurch gewinnt der Zaun seine Stabilität. Zuerst wird die Rückseite des Zauns gefertigt, dann werden die waagerechten Streben etwas gelockert, um auf der Zaunvorderseite eine weitere Reihe Zweige einzufügen.*
Ist ein Zaunabschnitt soweit fertig, werden auf der Vorder- und Rückseite halbierte Bambusrohre mit einzelnen Zierknoten (Technik C) vor die waagerechten Streben gebunden. Die oben und unten herausragenden Zweigenden werden sauber in den Zaun gesteckt. Anfänger können die Zweige an Maschendraht binden, damit der Zaun stabil wird. Vorder- und Rückseite müssen dabei vollständig mit Zweigen bedeckt sein, damit man den Draht nicht sieht.

Technik B

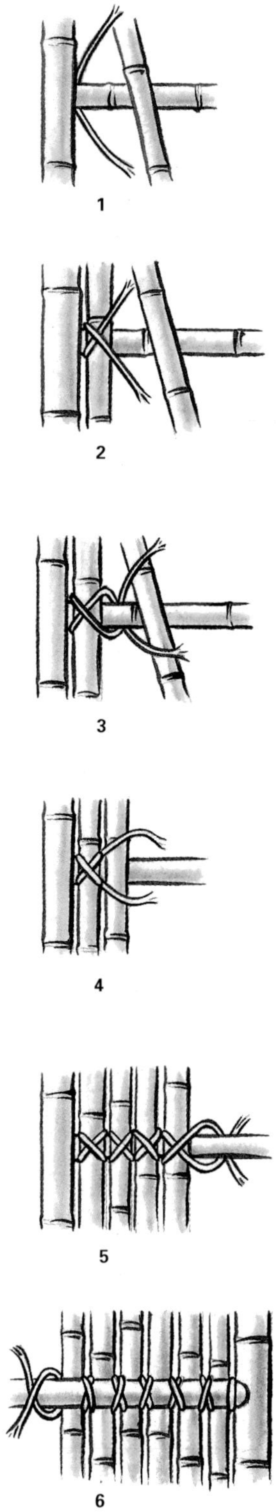

(von hinten gesehen)

„Yotsume"- und „Teppo"-Zaun: *Die rechts abgebildete Technik C illustriert den Grundknoten für „Yotsume"- und „Teppo"-Zäune. Bei einem „Yotsume"-Zaun (siehe S. 29 und S. 69 unten rechts) werden die senkrechten Bambusrohre abwechselnd an der Vorder- und Rückseite der drei oder vier waagerechten Streben befestigt. Man kann Muster bilden, indem man in regelmäßigen Abständen zwei aufrechte Bambusrohre nebeneinander gruppiert.*
Ein „Teppo"-Zaun (siehe S. 54) wird genauso gearbeitet, hat aber zwischen den senkrechten Rohren keine Zwischenräume. Da „Teppo"-Zäune als Abschirmung dienen, sind sie doppelt so hoch wie „Yotsume"-Zäune. Oft haben sie ein Muster, das abwechselnd aus fünf Rohren auf der Vorderseite und drei Rohren auf der Rückseite besteht.
Die Anzahl der waagerechten Streben kann je nach Geschmack variieren. Sie können von oben bis unten in gleichmäßigen Abständen verteilt sein oder Gruppen von je zwei oder drei bilden. Gruppiert man sie nur oben und unten am Zaun, betont die freie, ungegliederte Mittelpartie dessen Höhe.

Technik C

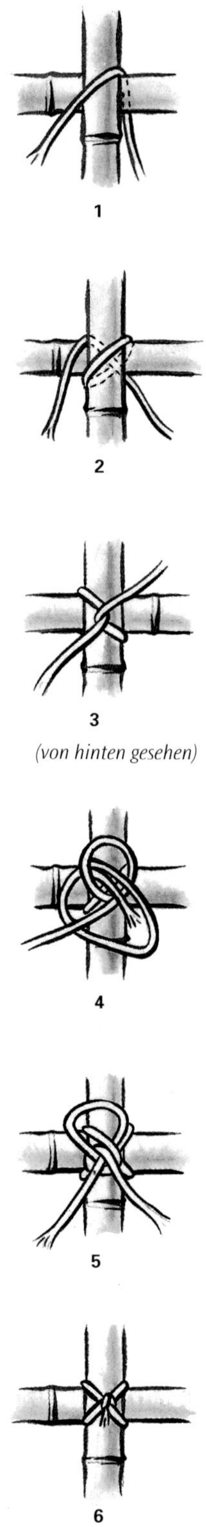

vorherrschenden Stil des Gartens. Eine weitere berühmte Zaunart ist der „Koetsuji"-Zaun (benannt nach einem anderen Tempel in Kyoto): Er ist lang und schmal und läuft am Ende in einer charakteristischen Kurve aus. Im wesentlichen handelt es sich dabei um einen „Yarai"-Zaun, den oben ein dickes Bündel aus Bambusrohren und Spaltbambus abschließt. Er wird gern dazu verwendet, Trockenlandschaftsgärten von anderen Gartenbereichen abzuteilen und ihnen zugleich einen geeigneten Hintergrund zu geben. Der „Koetsuji"-Zaun kommt sehr gut vor niedrigwüchsigen Sträuchern mit Formschnitt, etwa Azaleen, und vor Bodendeckern zur Geltung.

Je stärker und gerader der Bambus, desto strenger wirkt ein Zaun. Zweigzäune hingegen lassen sich bequem aus im Westen heimischen Materialien wie Hasel, Stroh oder Weide herstellen. Sehen Sie sich in der Nähe nach geeigneten Bezugsquellen um. Auch grobe, unregelmäßige Zweige können immer noch einen charaktervollen Zaun abgeben. Man sollte aber bei jedem Material darauf achten, dass es in etwa von gleicher Qualität und Stärke ist.

Traditionell bestanden die Gartenmauern in Japan aus Flechtwerk und Lehm und waren oft geweißt. Solche Mauern bilden den Hintergrund für einige der berühmtesten Zen-Trockengärten. Perfekt ergänzt ihr Weiß den reinen, weißen Kies. Auch die Silhouette eines immergrünen Formbaums wirkt vor einer weißen Mauer besonders elegant. Ob Mauer oder Zaun und welches Material, hängt letztlich vom vorherrschenden Stil des Gartens ab. Ein rustikaler Zaun aus Zweigen eignet sich vielleicht gut für einen Teegarten, würde aber in einem abstrakten Zen-Garten zu grob wirken. Einige westliche Garten-Center bieten Zäune und Matten aus Spaltbambus, Weide, Reet oder ähnlichen Materialien an. Für Gärten im japanischen Stil wirken sie vermutlich nicht stabil genug, aber einige zusätzliche waagerechte Streben aus kräftigem Bambus können sie passend verstärken. In japanischen Gärten haben Zäune und Mauern nicht nur die Funktion, Grenzen zu ziehen, sie wollen den Blick auch auf die Landschaft dahinter lenken. Die Höhe eines Zaunes sollte zu den Pflanzen innerhalb und außerhalb des Gartens passen. Dann erzeugen Zäune sogar eher den Eindruck von Weite als von Beschränkung.

oben: *Diesen Bambuszaun entwarfen Robert Ketchell und Eileen Tunnell für den „Oxherding Pictures Garden" der „Hampton Court Flower Show" 1996.*

Geborgte Aussicht

Diese Idee ist natürlich nicht nur typisch japanisch. Bietet Ihr Garten eine großartige Aussicht, machen Sie das Beste daraus und beziehen Sie sie in den Entwurf des Gartens mit ein, anstatt sie etwa mit einer dichten *Thuja-* oder Scheinzypressenhecke zu verstellen.

In japanischen Gärten haben Zäune, Mauern und Hecken nicht die Aufgabe, die Außenwelt auszugrenzen. Selbst die Grenzzäune aus Bambusrohr haben häufig einen Abschluss aus offenem Gitterwerk, das zu einem Blick auf die Landschaft dahinter einlädt. Die besonders strengen, geradlinigen Zen-Trockengärten sind oft von einer geweißten Lehmmauer umschlossen, die ihnen die Atmosphäre einer in sich geschlossenen, selbstgenügsamen Welt verleiht. Eine Reihe majestätischer Tannen oder Zypressen jenseits der Mauer lockert jedoch meistens deren starre Kontur auf, indem sie den Blick zum Himmel lenkt und den Garten mit der Aussicht verbindet, die sich in der Ferne bietet. Am Tempel Entsu-ji in Kyoto rahmen säulenförmige Feuer-Scheinzypressen den Blick auf den Berg Hiei, der grau wie eine Tuschezeichnung auf Seide in der Ferne aufragt. Die Aussicht auf einen formschönen Berg wird in Japan hoch geschätzt, denn sie hebt den Geist und erfreut zugleich das Auge. Am Tempel Shoden-ji, ebenfalls in Kyoto, greifen in Form geschnittene Azaleen die Aussicht auf die östlichen Berge wieder auf.

Auf diese Weise spiegelt der Garten die Natur und die Natur den Garten. Das ist der eigentliche Sinn eines japanischen Gartens: Als von Hand geschaffener Mikrokosmos fügt er sich in den Makrokosmos der natürlichen Umgebung ein – und ist so Ausschnitt der Natur und Kunstwerk zugleich.

rechts: *Der von Anthony Paul entworfene Max-Koch-Garten in der Schweiz passt die japanische Felsplattenbrücke einer Umgebung an, die viel offener ist als die typische japanische Landschaft. Die wenigen Bäume verstellen den Blick auf die fernen Berge nicht, so dass der Garten unmittelbar an der Weite der Landschaft teilhat. Die aufrechten Blätter der Chinesischen Sumpfschwertlilie und die hohen Blütenrispen des Froschlöffels* (Alisma plantago-aquatica) *setzen einige vertikale Akzente.*

DRITTES KAPITEL

Pflanzenführer

Die stille Klarheit japanischer Gärten beruht auf ihrer sorgfältigen Gestaltung, die ganz natürlich und unaufdringlich wirkt. Vor dem Hintergrund beschnittener Immergrüner und Nadelbäume entfalten sich die zarten Blüten der verschiedenen Jahreszeiten. Im zeitigen Frühjahr blühen Japanische Aprikose und Japanischer Hartriegel. Später folgen die Blütenwolken der Azaleen wie z. B. *Rhododendron quinquefolium* und *R. reticulatum*. Der Sommer bringt die frischen weißen Blüten von Japanischem Blumenhartriegel, Scheinkamelie und Storaxbaum. Ein Tuff Wildstauden – Ballonblume, *Aster tataricus* und Krötenlilie – kündigt den Herbst an. Die raschelnden, hohen Rispen des Chinaschilfs sind Vorboten des baldigen Frostes, der den Fächerahorn herrlich rot färben wird. Im Winter schmücken die leuchtend roten Beeren von *Ardisia crispa* den Garten.

Nicht Überfluss, sondern Zurückhaltung ist das Erfolgsgeheimnis dieses meditativen Gartenstils.

Bäume

Nadelbäume

Chamaecyparis pisifera (Sawara-Scheinzypresse): hängende Zweige, sehr spitze Nadeln; Frosthärte: Zone 3-8; wächst langsam; in feuchter, nicht alkalischer Erde in der Sonne.

C.p. ‚Filifera' (Ito-hiba, Hiyoku-hiba): bis 2 m; schlanke, peitschenartige Triebe; gedeiht nicht im Schatten.

Cryptomeria japonica (Sicheltanne, Sugi): 25 × 6 m; Frosthärte: Zone 5-9; säulenförmig; in feuchter, aber nicht staunasser Erde in der Sonne; verträgt keine Luftverschmutzung; gut als Hintergrund oder Abschirmung; ‚Elegans Compacta': bis 2 m; dunkelgrüne, im Winter bronzefarbene Nadeln.

Juniperus chinensis ‚Kaizuka' (China-Wacholder, Kaizuka-ibuki): 6 × 4 m; konischer, ausladender Baum; frosthart bis Zone 4; in gut durchlässiger, sandiger Erde in der Sonne; verträgt Trockenheit. Schnitt: junge Spitzen von Hand; im Herbst Kurztriebe bis hinter die gewünschte Kontur zurückschneiden; verträgt Luftverschmutzung, aber keine Wurzelverletzung; als Reihe oder Formhecke.

Pinus densiflora (Japanische Rotkiefer, Aka-matsu): 15 × 7 m; konischer, flachkroniger Baum; Frosthärte: Zone 3-7; in durchlässigem Boden; Formschnitt möglich; verträgt keine Luftverschmutzung.

Pinus parviflora (Mädchenkiefer, Goyo-matsu): 10 × 8 m; konisch; Frosthärte: Zone 4-7.

Pinus thunbergii (Japanische Schwarzkiefer, Kuromatsu): 15 × 6 m; konisch; Frosthärte: Zone 5-7.

Podocarpus macrophyllus (Steineibe; Kusa-maki, Inu-maki): 15 × 8 m; konisch; schnurartige Nadeln; Frosthärte: Zone 8-10; verträgt keine Staunässe; braucht lange, heiße und feuchte Sommer, um baumförmigen Wuchs zu erreichen; bleibt sonst strauchförmig; verträgt Schatten. *P. m.* var. *maki* (Rakan-maki) ist eine geschätzte japanische Sorte mit kleineren Nadeln.

Sciadopitys verticillata (Schirmtanne, Koya-maki): 10 × 6 m; Frosthärte: Zone 5-8; in fruchtbaren feuchten, gut durchlässigen neutralen bis schwach sauren Böden in voller Sonne oder im Halbschatten; wächst langsam und kompakt; abblätternde, rötliche Rinde; verträgt weder Luftverschmutzung noch Wurzelverletzungen; für Gruppenpflanzung geeignet.

vorige Seite:

*In dem von Anthony Paul entworfenen Lenz-Garten in der Schweiz wachsen viele vertraute europäische Wildblumen wie Storchschnabel und Schlüsselblumen (*Primula eliator*). Unaufdringlich harmonieren die fernöstlichen Akzente – Japanische Prachtiris (*Iris ensata*) und eine Kombination aus Trittsteinpfad und Stegbrücke – mit den einheimischen Gartenelementen und den grünen Schweizer Bergen im Hintergrund.*

Taxus cuspidata (Japanische Eibe; Ichii, Arargi, Onko): 15-20 m; Frosthärte: Zone 4-7; verträgt Schatten; braucht im Herbst Feuchtigkeit, verträgt aber keine Staunässe; braucht gut durchlässigen Boden; verträgt keine Wurzelverletzungen; vor Trockenheit und kaltem Winterwind schützen; im Herbst an weiblichen Pflanzen rote Früchte; bei älteren Bäumen abblätternde Rinde; Schnitt im Frühsommer und Spätherbst; verholzte Teile treiben nicht neu aus. *T. c.* var. *nana* (Kyaraboku) ist ein rundlicher Strauch (2-4 m), ‚Densa' ein kleiner, weiblicher Strauch (bis 1,20 m).

Thujopsis dolabrata (Hiba-Lebensbaum; Asunaro, Hiba): bis 15 m; konisch; frosthart bis Zone 5; schuppenähnliche Nadeln; stark alkalische Böden vermeiden; liebt feuchte, gut durchlässige Erde; 3-4-jährige Äste treiben nicht neu aus; für Strauchform schon jung beschneiden; Triebspitzen Anfang Frühjahr und Herbst zurückschneiden; ‚Nana' ist eine Zwergsorte.

Torreya nucifera (Nusseibe, Kaya): 15 × 8 m; konisch; frosthart bis Zone 7; sonnig oder im Halbschatten; braucht feuchte, warme Sommer; gut geeignet für den Südosten der USA, Nordneuseeland, Südostaustralien; gut geeignet für feuchte Flussufer; etwas frostempfindlicher Solitärbaum.

Immergrüne Laubbäume

Buxus microphylla var. *japonica* (Japanischer Buchsbaum, Tsuge): Bis 5 m; frosthart bis Zone 5; im Halbschatten; wächst sehr langsam; vorsichtig umpflanzen; schätzt Kalk; obere Wurzeln mit Mulch vor dem Austrocknen schützen; aus dem Holz werden Kämme gemacht.

Castanopsis cuspidata (Tsubura-jii): 8 × 8 m; frosthart bis Zone 5; strauchig mit hängenden Ästen; in feuchter, fruchtbarer, gut durchlässiger, leicht saurer Erde in der Sonne; verträgt Seewind und Luftverschmutzung; für Strauchrabatten und breite Formhecken.

Cleyera japonica: (Sakaki): 3 × 3 m; frosthart bis Zone 5; in fruchtbarer, saurer Erde im Schatten; geeignet als breite Formhecke; zur Unterpflanzung; üblich im Teegarten; auch an Schreinen.

Daphniphyllum macropodum (Yuzuriha): bis 15 m; frosthart bis Zone 6; rundlicher Strauch oder Baum; in fruchbarer Erde im Halbschatten; kein Schnitt nötig; wirtelige Blätter; traditionelle Neujahrsdekoration; für Strauchrabatten; geeignet für die Nordseite.

Dendropanax trifidus (Kakure-mino): 10 m; frosthart bis Zone 7; in feuchter Erde im Schatten; wächst sehr langsam; verträgt keinen Schnitt und keine Wurzelverletzung; geeignet für die Nordseite; üblich als Teegarten- und Schreinbaum.

Euonymus japonicus (Japanischer Spindelstrauch, Masaki): 4-5 m; Frosthärte: Zone 7-9; in der Sonne, im Schatten oder Halbschatten; dicht und buschig; verträgt Luftverschmutzung, auch mageren und alkalischen Boden; Formschnitt möglich; geeignet als Hecke und Unterpflanzung; auch panaschierte Sorten.

Ilex crenata (Japanische Stechpalme, Inu-tsuge): 5 × 4 m; Frosthärte: Zone 5-7; kleine, runde, glänzende Blätter; in feuchter Erde im Halbschatten; in Japan als Formbaum beliebt; wächst langsam, aber kräftig; verträgt keinen kalten Winterwind; in alkalischem Boden jährlich Säuredünger zugeben.

Ilex integra (Stechpalme, Mochi-no-ki): 7-8 m; Frosthärte: Zone 7-9; in feuchter, fruchtbarer Erde in der Sonne; wächst langsam; im Frühsommer Zweige bis auf 2-3 neue Blätter zurückschneiden; Umpflanzen auch großer Bäume möglich; üblich an Schreinen.

Ilex rotunda (Stechpalme, Kurogane-mochi): 10-15 m; frosthart bis Zone 7; verträgt Halbschatten; wächst langsam; im Winter rote Beeren.

Lithocarpus edulis (Matebashii): 10 m; frosthart bis Zone 6; in der Sonne oder im Halbschatten; wächst schnell; verträgt kräftigen Rückschnitt; als Hecke oder Strauchrabatte.

Osmanthus x fortunei (Duftblüte, Hiiragi-mokusei: *O. fragrans x O. heterophyllus*): 5 m; frosthart bis Zone 6; aufrecht; stechpalmenartige, glänzende Blätter; im Schatten oder Halbschatten; beschneiden; verträgt Seeluft; geeignet für Hecken und als Reihenpflanzung; von Spätsommer bis Herbst duftende weiße, röhrige Blüten; liebt leicht saure Böden.

Osmanthus heterophyllus (Duftblüte, Hiiragi): 4-8 m; Frosthärte: Zone 7-9; stechpalmenartige, stechend spitze, ledrige Blätter; verträgt Schatten; bildet langsam dichte runde Büsche; Schnitt möglich; verträgt Seeluft; einzeln oder als Hecke; an weiblichen Pflanzen im Spätherbst duftende weiße, röhrige Blüten, Beeren im folgenden Sommer.

Quercus myrsinifolia (Eiche, Shira-kashi): bis 20 m; frosthart bis Zone 6; auf Lehmböden, verträgt Halbschatten, starken Rückschnitt und Seeluft, aber keine Luftverschmutzung; geeignet als Windbrecher; einzeln, als Hecke oder als Reihe pflanzen.

Ternstroemia gymnanthera (Mokkoku): 5-10 m; recht frostempfindlich (Zone 9); ausgewachsen weniger empfindlich; in fruchtbarer saurer Erde im Schatten oder Halbschatten; im Frühsommer jeweils Haupttriebe des Neuaustriebs entfernen.

gegenüber, von oben links im Uhrzeigersinn:

*Japanischer Spindelstrauch (*Euonymus japanicus*),* Acer japonicum *im Oktober im Botanischen Garten von Westonbirt, Gloucestershire, Zimmeraralie (*Fatsia japonica*), Indischer Flieder (*Lagerstroemia indica*).*

Laub abwerfende Bäume

Acer japonicum (Japanahorn, Ha-uchiwa-kaede): frosthart bis Zone 5; verträgt Halbschatten; wächst langsam; mag keine Seeluft; rundliche, 7-11fach gelappte Blätter; gelbrotes Herbstlaub; in tonreichen oder alkalischen Böden besser als *A. palmatum*.

Acer palmatum (Fächerahorn; Iroha-momiji, Takao-kaede, Momiji): viele Blattformen; verschiedene, z. T. von Frühjahr bis Herbst wechselnde Farben; mit Winterschutz frosthart bis Zone 5; anfällig für Spätfrost; in fruchtbarer, saurer Erde, die nicht austrocknet, in der Sonne (hellere Sorten können dabei versengt werden); Zweigspitzen nicht beschneiden, sondern überlange Triebe und zu dicht stehende Äste an der Basis zurückschneiden; zur Verkleinerung lange Äste bis zur nächsten Astgabel zurückschneiden; wegen der sehr kurzen Ruhephase Rückschnitt im Spätherbst oder zu Winteranfang; passt gut an Teichränder und neben Laternen; im Herbst und Frühjahr mit altem Laub mulchen; *A. p.* var. *heptalobum* hat 5-7fach gelappte Blätter und orangerotes Herbstlaub; *A. p.* var. *matsumurae* (Yama-momiji) hat größere, gezähnte Blätter, ‚Osaka-zuki' 7fach gelappte Blätter und orangrote Herbstfärbung, ‚Sango-kaku' leuchtend gelbes Herbstlaub und rote, wie lackiert wirkende Äste; auch ‚Shindeshojo' und ‚Benitsukasa' haben sehr schöne Blattformen; die ‚Dissectum'-Gruppe hat tief zerschlitzte, wedelartige Blätter.

Cercidiphyllum japonicum (Katsurabaum, Katsura): Bis 25 m; frosthart bis Zone 6; in fruchtbarer feuchter, neutraler bis saurer Erde in der Sonne oder im Halbschatten; wächst schnell, verträgt aber keinen Schnitt; pyramidenförmig; keine Schädlinge; rote Herbstfärbung (vor allem auf saurem Boden); var. *magnificum* ist kleiner (bis 10 m) mit größeren Blättern; f. *pendulum* ist eine Trauerform.

Clerodendron trichotomum (Losbaum, Kusagi): 5 m, frosthart bis Zone 7; im Herbst leuchtend blaue Beeren mit rotem Kelch.

Euonymus hamiltonianus ssp. *sieboldianus* (Spindelstrauch, Mayumi): 5 m; frosthart bis Zone 4; schnellwüchsig; in der Sonne; im Herbst an weiblichen Pflanzen 4-zipfelige rosarote Früchte, beim Aufplatzen rote Samen; Schnitt nicht erforderlich, aber möglich: im Winter lange und schwache Äste und Schösslinge an der Basis zurückschneiden; kurze Blütenzweige; Herbstfärbung.

Gingko biloba (Gingko, Icho): bis 30 m; frosthart bis Zone 3; aufrecht; wächst langsam; braucht Sonne; glatte, fächerförmige, im Herbst goldgelbe Blätter; verträgt Trockenheit und Luftverschmutzung; zweihäusig.

Poncirus trifoliata (Bitterorange, Karatachi): 2-3 m; frosthart bis Zone 6; bevorzugt Sonne, verträgt auch Halbschatten, jedoch keine Wurzelverletzungen; duftende 5-zählige Blüten im Frühjahr noch vor den Blättern; kleine ungenießbare, orangenartige Früchte; sehr dornig; geeignet als hohe, dichte Hecke.

Sophora japonica (Perlschnurbaum, Enju): 10-25 m; Frosthärte: Zone 4-8; in fruchtbarer tiefgründiger Erde in voller Sonne, verträgt aber auch schlechtere Bedingungen; ausladender, rundlicher Baum; gefiederte Blätter; im Spätsommer hellgelbe Blüten; Formschnitt möglich; für Gruppenpflanzung geeignet; traditioneller Glücksbaum.

Sorbus commixta (Japan-Eberesche, Nana-kamado): 10-15 m; frosthart bis Zone 5; verträgt Halbschatten; Wurzelverletzungen vermeiden; wächst langsam; Herbstfärbung und Beeren.

Zelkova serrata (Zelkove; Keaki, Keyaki): bis 20 m; frosthart bis Zone 6; in fruchtbarer, durchlässiger Erde in der Sonne; verträgt auch Halbschatten; tief wurzelnd; kann auch ausgewachsen umgepflanzt werden; rundlicher Baum ohne Hauptstamm; verträgt im Winter kräftigen Schnitt, jedoch nicht erforderlich außer zur Formpflege; attraktive Herbstfärbung; verträgt Wind, aber weder Luftverschmutzung noch Trockenheit oder von Straßen oder Steinpflaster abgestrahlte Hitze.

Bäume mit Blütenschmuck

Camellia japonica (Kamelie, Yabu-tsubaki): 9 × 8 m; Frosthärte: Zone 7-9; ausladender oder aufrechter immergrüner Strauch oder Baum; in lichtem Schatten; im zeitigen Frühjahr ungefüllte, rote Blüten mit goldenen Staubgefäßen; glänzende, dunkelgrüne Blätter; in fruchbarem, saurem Boden; nicht beschneiden; als Solitärbaum oder Hecke; in Japan sehr verbreitet; Gartensorten von *C. j.* var. *hortensis* (Tsubaki) auch oft mit Formschnitt in Säulenform; nach der Blüte Zweige mit Rücksicht auf die Gesamtform bis zu einer gesunden Knospe zurückschneiden; im Winter mit Mulch vor dem Austrocknen schützen; Hybride bevorzugen Halbschatten, brauchen Schutz vor kaltem Wind und Spätfrost; ‚Shirowabisuke': rundlicher Strauch; von Mitte Winter bis ins zeitige Frühjahr kleine, elegante Blüten.

Camellia sasanqua (Sazanka): 6 × 3 m; Frosthärte: Zone 7-9; immergrüner, säulenförmiger Strauch oder Baum; in fruchtbarer, saurer Erde; verträgt Schatten und Luftverschmutzung; Formschnitt vermeiden; gut als Windbrecher; frühe schlichte, ungefüllte Blüten, in Japan im Winter, sonst z. T. ab Spätherbst; Rückschnitt nach der Blüte; im Sommer vor Trockenheit schützen.

Cercis chinensis (Chinesischer Judasbaum, Hanazuo): 2-5 m; frosthart bis Zone 6; Laub werfender, dichter Strauch; in der Sonne; im Frühjahr noch vor den Blättern dunkelrosa Blüten; kaum Schädlinge; ältere Pflanzen vertragen kein Umpflanzen.

Cornus kousa (Japanischer Blumenhartriegel, Yamaboshi): 10 m; Frosthärte: Zone 5-8; Laub werfender, konischer Baum; in saurer Erde in der Sonne (Jungpflanzen leicht abschatten) oder im Halbschatten; frohwüchsig; verträgt Trockenheit; im Frühsommer Blüten mit vier hübschen, spitzen, gelblichen Hochblättern, später rote Früchte; Formschnitt vermeiden.

Cornus officinalis (Japanischer Hartriegel, Sanshuyu): susladender, Laub werfender Strauch; im Frühjahr Dolden kleiner, gelber Blüten; passt gut zu rosa blühender *Prunus mume*.

Hamamelis japonica (Japanische Zaubernuss, Mansaku): 5-10 m; frosthart bis Zone 6; formschöner, Laub werfender Baum; bevorzugt leicht saure Erde; in der Sonne; verträgt auch Halbschatten; im Spätwinter zart duftende, spinnenförmige gelbe oder orange Blüten; *H. mollis* (Chinesische Zaubernuss) ist im Westen weiter verbreitet; Sorten von *H. x intermedia* sind Hybride von *H. mollis* und *H. japonica*.

Lagerstroemia indica (Indischer Flieder, Saru-suberi): 4-5 m; recht frostempfindlich (Zone 9); Laub werfend; in der Sonne; lange Triebe; blüht im Sommer; für größere Blüten Triebe während der Winterruhe auf 10-20 cm zurückschneiden.

Magnolia hypoleuca (Magnolie, Ho-no-ki): 20-30 m; frosthart bis Zone 5; im Frühjahr 20 cm große duftende, gelbe Blüten mit aufrechten Staubgefäßen; Laub werfend.

Magnolia kobus (Kobushi-Magnolie, Kobushi): 10-15 m; frosthart bis Zone 4; duftende weiße Blüten im Frühjahr vor dem Laubaustrieb; verträgt keine Wurzelverletzung, aber Halbschatten und feuchte alkalische Böden; duftende Blätter; *M. kobus* und *M. liliiflora* sind hochwüchsig; Wachstum auf gewünschte Höhe begrenzen; ein Felsen unter der Wurzel fördert ausgebreiteten Wuchs von Wurzeln und Zweigen.

Magnolia liliiflora (Purpur-Magnolie, Shi-mokuren): Laub werfend; pupurrosa Kelchblüten; ‚Nigra' ist kleiner (bis 2,50 m), Blüten purpurrot.

Magnolia salicifolia (Weidenblättrige Magnolie, Tamu-shiba): frosthart bis Zone 5; im zeitigen Frühjahr weiße Blüten; abgeworfenes Laub duftet beim Zerreiben nach Anis; in feuchter, saurer Erde in der Sonne oder im Halbschatten; eng verwandt mit *M. kobus*.

Magnolia sieboldii (Siebolds Magnolie, Oyama-renge): 4-5 m; frosthart bis Zone 7; im späten Frühjahr fruchtig duftende hellgelbe, leicht nickende Blüten mit roten Staubblättern; üblich in Blumenarrangements für die Teezermonie; verträgt feuchte, alkalische Erde; Laub werfend.

Magnolia stellata (Stern-Magnolie, Shide-kobushi): 4-5 m; Frosthärte: Zone 3-8; in voller Sonne

gegenüber, von oben links im Uhrzeigersinn:
*Flügel-Spindelstrauch (*Euonymus alatus*) im Oktober;* Hydrangea macrophylla *‚Normalis' im August;* Ardisia crispa *(syn.* A. crenata*) ‚Coral Berry';* Saxifraga stolonifera *im Oktober.*

schnell wachsend; im zeitigen Frühjahr noch vor den Blättern duftende, weiße, 12-18-zählige Blüten; in fruchtbarer Erde; verträgt auch alkalischen Boden; Laub werfend.

Magnolia wieseneri (Magnolie: *M. hypoleuca x M. sieboldii*): 5-6 m; frosthart bis Zone 7; stark duftende, becherförmige, weiße Blüten mit hellroten Staubblättern; Laub werfend.

Prunus incisa (März-Kirsche; Mame-zakura, Fuji-zakura): kleine Wildkirsche bis 3 m; frosthart bis Zone 5; im zeitigen Frühjahr schalenförmige weiße bis rosa Blüten.

Prunus jamasakura (Grannenkirsche, Yama-zakura): Wildkirsche bis 6 m; frosthart bis Zone 5; junge Blätter sind bronzefarben; kleine weißrosa Blüten; in Japan seit Jahrhunderten beliebt; Elternart vieler japanischen Blütenkirschen-Hybriden.

Prunus mume (Japanische Aprikose, Ume): 2-10 m; frosthart bis Zone 6; in fruchtbaren, aber sandigen Böden in der Sonne; im zeitigen Frühjahr duftende weiße, 5-zählige Blüten mit runden Blütenblättern; im Sommer gelbe aprikosenartige Früchte; es gibt auch Sorten mit gefüllten, auch rosa Blüten; im Winter nach der Knospenbildung Zweige mit Blütenknospen um ein Drittel, lange Triebe ohne Blütenknospen ganz zurückschneiden; in Japan der wichtigste blühende Baum; die grünen Früchte werden eingelegt oder als Likör genossen; ‚Pendula' ist eine rosa blühende Trauerform.

Prunus Sato-zakura-Gruppe (Japanische Blütenkirschen, Sakura): frosthart bis Zone 4; stammen oft von *P. serrulata* ab; nach dem Schnitt anfällig für Krankheiten; es stehen auch Zwergsorten zur Verfügung.

Prunus subhirtella (Higan-Kirsche, Higan-zakura): 8 *x* 8 m; frosthart bis Zone 4; von Herbst bis Frühjahr rosa oder weiße Blütenbüschel; ‚Pendula Rosea' ist eine rosa blühende Trauerform.

Prunus x yedoensis (Yoshino-Kirsche, Somei-yoshino): Frosthärte: Zone 5-8; ausladender Baum; auch als Trauerform.

Stewartia pseudocamellia (Scheinkamelie; Natsu-tsubaki, Shara-no-ki): bis 10 m; Frosthärte: Zone 5-8; säulenförmig; in fruchtbarer, neutraler bis saurer Erde in der Sonne, verträgt aber keine Trockenheit; Wurzelverletzungen vermeiden; nicht beschneiden; kamelienartige Blüten im Frühsommer; Herbstfärbung; abblätternde Borke; Laub werfend; vor kaltem Winterwind schützen; *S. monadelpha* ist kleiner.

Styrax japonica (Storaxbaum, Ego-no-ki): 7-8 m; frosthart bis Zone 5; Laub werfend; in fruchtbarer, leicht saurer Erde in der Sonne; verträgt auch Halbschatten; zum Anwachsen gut wässern; im Frühsommer glockige weiße Blüten; Beeren giftig; nicht beschneiden; als Reihe oder zwanglose Gruppe.

Sträucher

Immergrüne Sträucher

Ardisia japonica (Spitzblume, Yabu-koji): 10-15 m; Frosthärte: Zone 6-9; in feuchter, aber nicht staunasser Erde im Schatten; kleine ledrige Blätter und rote Beeren; im zeitigen Frühjahr bis zum Boden zurückschneiden; als Unterpflanzung.

Aucuba japonica (Aukube, Aoki): 1-2 m; frosthart bis Zone 6; verträgt geschützt auch tiefere Temperaturen; in fruchtbarer Erde im Schatten; runder Strauch; nur alte Zweige bis zum Boden zurückschneiden; verträgt Luftverschmutzung; geeignet für Nordseiten, Teegärten und als Unterpflanzung; im Winter an weiblichen Pflanzen rote Beeren.

Eurya emarginata (Hama-hi-sakaki): 1,50 m; recht frostempfindlich (Zone 9); glänzende, im Winter rot getönte Blätter; im Halbschatten; frohwüchsig; beschneiden; verträgt Seewind; als Hecke.

Eurya japonica (Hi-sakaki): 5 m; frosthart bis Zone 8; in trockener Erde im Schatten oder Halbschatten, wächst recht langsam; als Teegartenhecke oder breite Formhecke; Blüten riechen unangenehm.

Fatsia japonica (Zimmeraralie, Yatsude): 2-3 m; Frosthärte: Zone 8-10; verträgt geschützt auch tiefere Temperaturen; in fruchtbarer feuchter Erde in der Sonne, im Halbschatten/Schatten an geschütztem Platz; tief gelappte, ledrige Blätter; kein Schnitt nötig; Blüten im Winter; geeignet als Solitärpflanze, für Gruppenpflanzung oder als Unterpflanzung.

Juniperus chinensis var. *procumbens* (China-Wacholder, Hai-byakushin): 0,75 × 2 m; Frosthärte: Zone 8-10; auf trockenen sandigen, gern alkalischen Böden; kein Schnitt nötig; Wurzelverletzung vermeiden; ‚Nana' wird nur 30 cm hoch.

Mahonia japonica (Japanische Mahonie, Hiiragi-nanten): 1,50 × 2 m; frosthart bis Zone 6; am Besten in saurer Erde im Halbschatten oder Schatten; aufrecht; schnell wachsend; kein Schnitt nötig; ab Spätwinter duftende gelbe Blüten.

Photinia glabra (Glanzmispel, Kaname-mochi): 3 × 3 m; Frosthärte: Zone 7-8; verträgt geschützt auch tiefere Temperaturen; in feuchter, aber nicht staunasser Erde in Sonne oder Halbschatten; dichter, rundlicher Strauch; junge Blätter sind rot; gut für breite Formhecken; zur Blattknospenbildung von Frühjahr bis Sommer viermal beschneiden; im Herbst nur mäßig zurückschneiden; ‚Rubens' hat besonders schön gefärbte junge Blätter.

Pieris japonica (Japanische Lavendelheide, Asebi): 2-5 m; Frosthärte: Zone 5-8; in fruchtbarer saurer Erde im Halbschatten; verträgt auch volle Sonne und alkalischen Boden; vor kaltem Winterwind schützen; runder Strauch; von Spätwinter bis Frühjahr weiße Blüten; neue Rispen bilden sich im August, früher erscheinende entfernen; Blätter giftig.

Laub abwerfende Sträucher

Berberis thunbergii (Thunbergs Berberitze, Megi): 1 m; Frosthärte: Zone 4-8; runder Strauch; Herbstfärbung; für Hecken; f. *atropurpurea* hat purpur-rote bis rotbraune Blätter; färbt sich am schönsten in voller Sonne.

Euonymus alatus (Flügel-Spindelstrauch, Nishikigi): 2 m; frosthart bis Zone 3; dicht und buschig; auf eher trockenen Böden in der Sonne; verträgt auch Halbschatten; Formschnitt möglich; rote Herbstfärbung; ‚Compactus' ist kleiner und noch dichter.

Ilex serrata (Siebolds Stechpalme, Ume-modoki): 3 m; frosthart bis Zone 3; in der Sonne; wächst langsam, aber buschig; purpurne Rinde; die roten Beeren der weiblichen Sträucher locken im Winter Vögel an; im Frühjahr leuchtendrosa Blüten; kein Schnitt nötig, nur lange Triebe zurückschneiden.

Salix babylonica (Chinesische Hängeweide, Shidare-yanagi): 12 m; Frosthärte: Zone 6-8, aber vor Kälte und kaltem Winterwind schützen; in feuchter, aber nicht staunasser Erde in der Sonne; gut für Teichufer; *S. x sepulchralis* ‚Chrysocoma' hat schlanke, gelbe Triebe.

Salix gracilistyla (Weide, Neko-yanagi): 0,50-3 m; frosthart bis Zone 6; Uferweide mit männlichen und weiblichen Pflanzen; flaumige graue Kätzchen.

Zanthoxylum piperitum (Gelbholz, Sansho): bis 2,50 m; dornig; Laub werfend; zerriebene Blätter duften; Blätter und Samen finden auch in der Küche Verwendung.

Sträucher mit Blütenschmuck

Corylopsis pauciflora (Scheinhasel, Hyuga-mizuki): 1,50 × 2,50 m; frosthart bis Zone 6; in saurer Erde; Sonne bis Halbschatten; hellgelbe Blütentrauben im Frühjahr vor dem Laubaustrieb.

Daphne odora (Seidelbast, Jinchoge): 1,50 m; Frosthärte: Zone 7-9; immergrün; in feuchter durchlässiger, saurer Erde in der Sonne oder im Halbschatten; Wurzelverletzung vermeiden; oft als runder Formstrauch; Triebe direkt nach der Blüte zurückschneiden; mag weder Trockenheit noch Staunässe; ‚Aureomarginata' ist frosthärter.

Deutzia gracilis (Zierliche Deutzie, Hime-utsugi): bis 1 m; frosthart bis Zone 4; buschig; aufrecht; kleiner als *D. crenata*; im Spätfrühling/Frühsommer weiße Blüten; gut am Teichufer.

Enkianthus campanulatus (Glockige Prachtglocke, Sarasa-dodan): 4 × 4 m; frosthart bis Zone 7; glockige cremegelbe, rot gestreifte Blüten.

gegenüber, von links oben im Uhrzeigersinn:
*Chinaschilf (*Miscanthus sinensis*) mit Zwerghut-Fichte (*Picea glauca ‚Conica'*);* Fargesia murieliae *‚Simba' (Züchtung der „Natural & Oriental Water Gardens", Hampton Court Flower Show, 1998); Mastkraut oder „Sternmoos" (Sagina) im Steingarten; Palmfarn (*Cycas revoluta*).*

Enkianthus cernuus f. *rubens* (Nickende Prachtglocke, Beni-dodan): frosthart bis Zone 5; nickende rote, urnenförmige Blüten.

Enkianthus perulatus (Frühe Prachtglocke, Dodantsutsuji): 1-2 m; Frosthärte: Zone 5-7, aber im Winter vor Kälte schützen; in gut durchlässiger saurer Erde in der Sonne; Laub werfend; wächst langsam; im Frühjahr weiße Blütenglocken; Herbstfärbung; verträgt kräftigen Schnitt direkt nach der Blüte; wenn Form wichtiger ist als Blüten, Schnitt im Winter.

Hydrangea macrophylla (Gartenhortensie, Ajisai): 1,50-2 m; frosthart bis Zone 5; in fruchtbarer feuchter Erde; ein pH-Wert unter 5,5 erzeugt blaue, über 5,5 rosa Blüten; weiße Sorten sind nicht betroffen; verträgt Schatten; Triebe direkt nach der Blüte bis zum nächsten nicht-blühenden Zweig zurückschneiden; gut für die Nordseite und zwischen Bäumen; viele Sorten mit kugeligen und schirmförmigen Blütendolden.

Hydrangea paniculata (Rispen-Hortensie, Nori-utsugi): 3 m; frosthart bis Zone 3; im Halbschatten; raschwüchsig; verträgt Schnitt; als Unterpflanzung.

Kerria japonica (Kerrie, Ranunkelstrauch; Yamabuki): 2 × 2,50 m Frosthärte: Zone 4-9; in fruchtbarer feuchter Erde in der Sonne oder im Halbschatten; im Frühjahr gefüllte oder einfache gelbe Blüten; nur zu groß gewordene Pflanzen beschneiden; nicht blühende, trockene und schwache Zweige an der Basis zurückschneiden; gut als Gruppe.

Lespedeza bicolor (Buschklee, Yama-hagi): 1,50-2 m; frosthart bis Zone 5; in fruchtbarer Erde in der Sonne; gut als Rabatte; Ende Sommer/Anfang Herbst kleine purpurrosa Blüten; hängende Zweige; bei Bedarf nach Laubfall beschneiden; alte Zweige bis zur Basis, junge bis zu Hälfte zurückschneiden; den Halbstrauch *L. thunbergii* auf 10 cm Höhe zurückschneiden; ‚Albiflora' blüht weiß; ‚Versicolor' trägt weiße und rosa Blüten auf derselben Pflanze.

Osmanthus fragrans f. *aurantiacus* (Duftblüte, Kinmokusei): bis 10 m; etwas frostempfindlich (Zone 8); im Herbst Büschel kleiner oranger, fruchtig duftender Blüten; in Säulenform schneiden; bei Anzucht aus Sämling Gipfeltrieb kappen; lange Zweige im Winter wieder in die gewünschte Form schneiden; der Pflanze jährlich etwas mehr Höhe geben, um die Knospenbildung an neuen Trieben zu fördern.

Paeonia suffruticosa (Strauchpäonie; Moutan, Botan): bis 2 m; frosthart bis Zone 6; in humoser Erde in der Sonne; Laub werfend, flach wurzelnd; verträgt keine starke Nachmittagssonne, keine Trockenheit und keine Wurzelverletzungen; viele Sorten; Rückschnitt im Spätherbst auf 1-2 Blütenknospen.

Rhaphiolepis umbellata (Sharinbai): 2 m; recht frostempfindlich (Zone 9), verträgt aber geschützt auch tiefere Temperaturen; in fruchtbarer Erde in der Sonne; gut am Meer; buschige Immergrüne; im Frühsommer rundliche Trauben weißer, manchmal rosa überhauchter Blüten; für Teegärten; ‚Minor' ist eine Zwergsorte.

Rhododendron (Rhododendron, Shakunage): umfasst immergrüne Arten mit großen ledrigen Blättern; bis 4 m; in fruchtbarer, gut durchlässiger, saurer Erde im Halbschatten; langsam wachsend; vertragen keinen Schnitt und keine Wurzelverletzung.

Rhododendron (Azalee, Tsutsuji): umfasst Laub werfende Arten mit üppiger Blüte im Frühjahr oder Frühsommer; die Satsuki- und Kurume-Hybriden (Satsuki-, Kurume-tsutsuji) sind kleinere (50-100 cm) halbimmergrüne japanische Azaleen; wüchsig, geeignet als Formsträucher; ausgezeichnet für Gruppenpflanzungen und breite Formhecken; Rückschnitt kurz vor Ende der Blüte; bei zu großen Pflanzen im ersten Jahr nur die Hälfte der Zweige hinter die gewünschte Größe zurückschneiden, im folgenden die andere Hälfte. *R. quinquefolium* (Shiro-yashio, Goyo-tsutsuji), *R. reticulatum* (Mitsuba-tsutsuji) und *R. japonicum* (Rengetsutsuji) sind sommergrün und schwachwüchsig; nur bei Bedarf schwache, trockene und verwachsene Zweige direkt nach der Blüte auslichten; *R. quinquefolium* ist ein zierlicher Strauch mit weißen, grün gefleckten Blüten; Blätter zu 5 wirtelig am Zweigende; frosthart bis Zone 6, aber trotzdem schützen.

Spiraea cantoniensis (Kanton-Spiere, Kodemari): 1-2 m: Frosthärte: Zone 6-9; Laub werfender oder halbimmergrüner Strauch; in fruchtbarer Erde in der Sonne; Blüte im Frühjahr; raschwüchsig; Schnitt in Kugelform möglich; nach der Blüte Zweige bis zu einer nach oben weisenden Knospe zurückschneiden; alte Äste alle 3 Jahre bis nahe der Basis zurückschneiden, wo jüngere Zweige entspringen.

Spiraea thunbergii (Frühlings-Spiere, Yuki-yanagi): 1-1,50 m; frosthart bis Zone 3; blüht im zeitigen Frühjahr; in der Sonne; hängende Zweige; Schnitt wie *S. cantoniensis.*

Viburnum japonicum (Schneeball, Hakusanboku): bis 1,80 m; frosthart bis Zone 6; runder, immergrüner Strauch; in voller Sonne; im Frühsommer kugelige Scheindolden kleiner weißer, duftender Blüten; schnell wachsend; verträgt scharfen Rückschnitt.

Viburnum plicatum f. *plicatum* (Schneeball, Odemari): bis 3 m; Frosthärte: Zone 5-8; Laub werfender niedriger Strauch; in der Sonne; Schirmrispen mit größeren Randblüten im Spätsommer; wächst langsam; nur leicht beschneiden; gut als Solitär im Vorgarten.

Sträucher mit Beerenschmuck

Ardisia crispa (Manryo): 0,60-1 m; frostempfindlich, verträgt aber mit Schutz bis –18°C; immergrün; im Halbschatten; von Winter bis Frühjahr Beeren unter den obersten Blättern; Äste alle 4-5 Jahre im Frühjahr zurückschneiden.

Callicarpa japonica (Japanische Schönfrucht, Murasakishikibu): 3-5 m; Frosthärte: Zone 6-8; Laub werfend; in der Sonne; Zweige im Spätherbst oder Frühjahr bis dicht über den Boden zurückschneiden, Triebspitzen nicht beschneiden; in kaltem Klima sterben die Zweige bis zum Boden ab; im Herbst purpurne Beeren; für frei wachsende Strauchgruppen; *C. dichotoma* (Ko-murasaki) ist kleiner.

Nandina domestica (Nandine, Nanten): 1,50-3 m, aber auch kleinere Sorten; Frosthärte: Zone 7-9; immergrün bis halbimmergrün; in der Sonne oder im Halbschatten; im Winter rote Beeren und purpurbraune Blätter; üblich unter Dachüberständen; nicht wie der englische Gartenbauer E. A. Bowles (1865-1954) annahm, weil das Holz als Zahnstocher diente, sondern damit kein Regen die Blüten verdirbt; im Herbst umpflanzen und mulchen; im Frühjahr trockene Äste abschneiden und Triebspitzen kappen; traditionelle Glückspflanze.

Sarcandra glabra (Senryo): 60-90 cm; frosthart bis Zone 8, aber im Winter schützen und mulchen; immergrün; im Halbschatten, Blätter können in der Sonne verbrennen; im Winter rote Beeren; raschwüchsig; verträgt Seewind, aber keine Trockenheit; wird größer, wenn man die Zweige im Spätwinter bis zur nächsten Blattachsel zurückschneidet; als Unterpflanzung; oft zusammen mit *Ardisia crispa*.

Bodendecker

Ophiopogon japonicus (Schlangenbart; Ryu-no-hige, Ja-no-hige): 10-30 cm; frosthart bis Zone 7; bevorzugt feuchte, saure Erde und Schatten; im Herbst mit Laub mulchen; im Sommer Blütentrauben; 10-20 cm lange grasähnliche Blätter; dichter Bodendecker; kommt auch mit wenig Licht aus (gut unter Dachüberständen); *O. planiscapus* ‚Nigrescens' hat schwarze Blätter, lila Blüten, blaue Beeren; von *O. jaburan* (Noshi-ran) gibt es panaschierte Formen; beide sind frosthärter.

Reineckea carnea (Kichijo-so): 8-13 cm; frosthart bis Zone 7; in neutraler bis saurer Erde im Halbschatten; immergrün, Blüte im Spätherbst; guter Bodendecker.

gegenüber, von oben links im Uhrzeigersinn:
Farfugium japonicum *(syn.* Ligularia tussilaginea*);* Begonia grandis *ssp.* evansiana *im Oktober; Lampionblume (*Physalis alkekengi*) im Herbst;* Liriope muscari *im Oktober.*

Saxifraga stolonifera (Steinbrech, Yuki-no-shita): 20-50 cm; frosthart bis Zone 4; immergrün; ausdauernd; dicke nierenförmige, unterseits rötliche Blätter mit weißen Adern; von Spätfrühling bis Anfang Sommer weiße Blüten; bevorzugt feuchte schattige, felsige Standorte, braucht wenig Erde.

Ziergräser und Bambus

Ziergräser

Carex hachijoensis ‚Evergold' (Segge, Hachijokansuge): 30 × 35 cm; frosthart bis Zone 4; grün-gelb panaschierte Sorte einer immergrünen horstigen Segge; in feuchter, gut durchlässiger Erde in der Sonne oder im Halbschatten.

Hakonechloa macra ‚Aureola' (Uraha-gusa): 36 × 40 cm; frosthart bis Zone 4; panaschierte Form eines sommergrünen horstigen Staudengrases; gold-grün gestreifte, im Herbst rot getönte Blätter; farblich am schönsten auf feuchtem Boden im Halbschatten.

Imperata cylindrica ‚Rubra' (Alang-Alang-Gras, Chigaya): frosthart bis Zone 9; lockerhorstiges Staudengras; bis 50 cm lange Blätter mit blutroten Spitzen.

Miscanthus sinensis (Chinaschilf, Susuki): 1-2 m; frosthart bis Zone 5; sommergrünes, steif aufrechtes Horstgras; von Spätsommer bis Herbst silbrige, federartige Rispen; alte Blätter im Spätwinter abschneiden; wild wachsend auf Ruderalflächen; mag keine Winternässe, verträgt aber feuchten Standort.

Hohe Bambusarten

Bambusa multiplex (Bambus): 3-5 m; frosthart bis Zone 8; neue Sprosse von Sommer bis Herbst.

Chimonobambusa marmorea (Kan-chiku): bis 3 m; frosthart bis Zone 5; im Schatten; schätzt warmes Klima und fruchtbaren Boden; Bambusart mit massiven (nicht hohlen), rot gefleckten Rohren; für Hecken.

Chimonobambusa quadrangularis (Shiho-chiku): bis 3 m; Rohre auf allen vier Seiten abgeflacht; neue Sprosse im Herbst und Winter; in fruchtbarer Erde im Schatten; schwer umzupflanzen; gut für kleine Binnengärten; bevorzugt warmes Klima.

Hibanobambusa tranquillans (Inyo-chiku): 3-5 m; frosthart bis Zone 7; frostharter Hybrid aus *Sasa* und *Phyllostachys*; große Blätter, glatte Bambusrohre; oft als Hecke gepflanzt, verträgt Trockenheit.

Phyllostachys bambusoides (Ma-dake): 10-20 m; frosthart bis Zone 8; immergrün; in der Sonne; in warmem Klima in fruchtbarem Boden; schwer umzupflanzen; für Bambushaine; Verwendung als Baumaterial (Möbel, Zäune); ‚Castillonis' (Kimmei-chiku): 8-10 m, frosthart, goldgelbe Rohre; grüne, weiß oder gelb gemusterte Blätter.

Phyllostachys edulis (Moso-dake): 15-20 m; frosthart bis Zone 8; immergrün; die kräftigste Bambusart, üblich für Bambushaine; essbare Bambussprossen; schwer umzupflanzen.

Phyllostachys nigra (Kuro-chiko): 2-3 m; frosthart bis Zone 6, immergrün; stirbt aber in kaltem Klima im Winter oberirdisch ab; im ersten Jahr dunkelgrüne, dann schwarze Rohre; im Schatten; für kleine Binnengärten oder als Hintergrund.

Phyllostachys pubescens f. *heterocycla* (Kikko-chiku): frosthart bis Zone 7; immergrün; gewölbte Rohre im Zickzack gebogen, jeweils an den Blattknoten die Richtung wechselnd; ungewöhnliche und seltene, sehr dekorative Bambusart.

Phyllostachys sulphurea (Ogon-ko-chiku): bis 8 m; frosthart bis Zone 6; immergrün; Rohre erst grün, später leuchtend gelb mit grünen Streifen.

Pleioblastus simonii (Me-dake): 2-4 m; frosthart bis Zone 6; immergrün; gut als Uferpflanze.

Semiarundinaria kagamiana (Rikuchu-dake): 3-5 m; frosthart bis Zone 7; buschig; verträgt Sonne und Schatten.

Semiarundinaria yashadake ‚Kimmei': frosthart bis Zone 8; schachbrettartig gelb-rosa-grün gemusterte Rohre, die im ersten Winter im Sonnenlicht dunkelrot erscheinen.

Sinobambusa tootsik (To-chiku): recht frostempfindlich (Zone 9); meistens beschnitten; Höhenwachstum auf 3-8 m begrenzen; Seitentriebe mit runden Blättern stehen lassen, andere zurückschneiden.

Niedrigere Bambusarten

Pleioblastus auricomus (Kamuro-zasa): 30-150 cm; frosthart bis Zone 7; panaschierte, grün-gold gestreifte Blätter; liebt Schatten.

Pleioblastus variegatus (Chigo-zasa, Shima-dake): 30-100 cm; frosthart bis Zone 7; bildet Dickichte; grün und cremegelb panaschierte Blätter.

Sasa tsuboiana (Zwergbambus, Ibuki-zasa): 1,50-2 m; frosthart bis Zone 5; mit dunkelgrünen Blättern.

Sasa veitchii (Zwergbambus, Kuma-zasa): Bis 90 cm; frosthart bis Zone 6; als dichter Bodendecker; kräftige Blätter.

Shibataea kumasasa (Okame-zasa): 1-2 m; frosthart bis Zone 6; im Schatten; als Bodendecker oder breite Formhecke.

Moose

In Japan verwendete Moose

Moose brauchen saure feuchte, aber nicht staunasse Böden; umpflanzen im zeitigen Frühjahr.

Conocephalum conicum (Kegelmützenmoos, Ja-goke), *Marchantia polymorpha* (Brunnen-Lebermoos, Zeni-goke), *Pogonatum contortum* (Filzmützenmoos, Niwa-sugi-goke), *P. grandifolium* (Filzmützenmoos, Seitaka-sugi-goke), *Polytrichum commune* (Frauenhaarmoos, Sugi-goke), *Selaginella japonica* (Moosfarn, Eizan-goke), *Steroden plumaeformis* (Mukumuku-chirimen-goke).

Moosersatzpflanzen

Arenaria tetraquetra (Sandkraut): frosthart bis Zone 7; bildet dichte, immergrüne Polster; im Frühjahr sternförmige, weiße Blüten.

Sagina subulata (Mastkraut, „Sternmoos"): frosthart bis Zone 2; 10 cm hoch; immergrüne Polster; im Sommer einzelne weiße Blüten.

Selaginella kraussiana (Moosfarn): frosthart bis Zone 8; immergrüne ausdauernde Art aus Südafrika; bildet dichte Polster.

Farne und Schachtelhalme

Adiantum aleuticum (Frauenhaarfarn, Kujaku-shida): 75 × 75 cm; frosthart bis Zone 2; sommergrün bis halbimmergrün; Wedelform wird mit Pfauenfedern verglichen.

Athyrium nipponicum (Frauenfarn): wächst aus einem roten Wurzelstock und hat rot getönte, grüne Wedel; in feuchter neutraler bis saurer Erde im Schatten; beim Pflanzen gut mulchen.

Blechnum nipponicum (Rippenfarn; Shishigashira, Iwashi-bone, Mukade-gusa): recht frostempfindlich (Zone 9); in feuchter, saurer Erde im Schatten oder Halbschatten; immergrüne aufrechte, ledrige Wedel, deren Form mit einer Löwenmähne, einem Hundertfüßer oder einer Sardinengräte verglichen wird.

Cyrtomium macrophyllum (Hiroha-yabu-sotetsu): 45 × 60 cm; immergrüner großblättriger Farn; *C. fortunei* (Yabu-sotetsu), frosthart bis Zone 8; *C. falcatum* (Oni-yabu-sotetsu), recht frostempfindlich (Zone 9), halbimmergrün, in kaltem Klima sommergrün, braucht Winterschutz.

Davallia mariesii (Shinobu): 15 cm hoch; frosthart nur bis Zone 9; sommergrün; fein zerteilte Wedel.

Dryopteris erythrosora (Wurmfarn, Beni-shida): frosthart bis Zone 8; sommergrün; im Austrieb rötlich; in feuchter neutraler bis saurer Erde im Schatten.

Equisetum hyemale (Winterschachtelhalm, Tokusa): frosthart bis Zone 5; immergrüne aufrechte, unverzweigte Sprosse bis 50 cm; gut für Beckenränder.

Matteuccia struthiopteris (Straußenfarn, Kusa-sotetsu): 1,70 × 1 m; frosthart bis Zone 1; sommergrüne aufrechte, trichterförmig angeordnete Wedel.

Polystichum polyblepharum (Schildfarn, Inode): 60-90 cm; frosthart bis Zone 5; immergrüne gefiederte Wedel.

gegenüber, von oben links im Uhrzeigersinn:
*Gefüllte Taglilie (*Hemerocallis fulva*) im Juli; Weiße Seerose (*Nymphea alba*); Lotos (*Nelumbo nucifera*); Japanische Prachtiris (*Iris ensata*).*

Selaginella tamariscina (Moosfarn, Iwa-hiba): frosthart bis Zone 6; immergrün; ausdauernd; lange „Wedel" mit schuppenförmigen Blättern; gern auf felsigem Untergrund; bevorzugt mäßig fruchtbare feuchte, aber nicht staunasse neutrale bis leicht saure Böden und Halbschatten.

Tropische Solitärpflanzen

Cycas revoluta (Palmfarn, Sotetsu): 3-8 m; recht frostempfindlich (Zone 9); in voller Sonne; haben sich im Frühjahr die neuen Blätter entfaltet, werden die letztjährigen entfernt; in kaltem Klima im Winter Krone mit Stroh abdecken; verabscheut Nässe.

Musa basjoo (Japanische Faserbanane, Basho): bis 5 m; frosthart bis Zone 8; imposante Staude mit gewölbten Blattspreiten; in neutraler bis leicht saurer, gut durchlässiger Erde; der Haiku-Dichter Matsuo Basho (1644-94) benannte sich nach der Pflanze.

Blattschmuckpflanzen und Blütenstauden

Blattschmuckpflanzen

Aspidistra elatior (Schusterpalme, Ha-ran): bis 60 cm; frosthart bis Zone 8; dunkle, glänzende Blätter; für Teegärten.

Farfugium japonicum (Tsuwabuki): 30 cm; frosthart bis Zone 8; immergrün; im Halbschatten oder Schatten; Trockenheit vermeiden; glänzende Blätter.

Hosta spp. (Funkie, Giboshi): frosthart bis Zone 4; im Halbschatten oder Schatten; Trockenheit vermeiden; gelbblättrige Sorten bevorzugen Sonne, aber vor Mittagssonne schützen; im Frühjahr mulchen; ei- bis herzförmige oder lanzettliche Blätter; im Sommer hohe Blütentriebe. *H. plantaginea* var. *japonica* (Tama-no-kanzashi) mit gelb-grünen Blättern, *H. sieboldiana* mit matt blaugrünen Blättern.

Rohdea japonica (Omoto): frosthart bis Zone 7; in feuchter, saurer Erde im Schatten; immergrüne Rosetten mit ledrigen, bis 30 cm langen Blättern; im Sommer grüngelbe Blütenähren, später rote oder weiße Beeren.

Blütenstauden

Ajuga nipponensis (Günsel, Junihitoe): 10-25 cm; frosthart bis Zone 8; im Frühjahr rosa Blüten auf kurzen Stängeln.

Aster tataricus (Aster, Shion): bis 2 m; frosthart bis Zone 3; Herbstaster mit zart fliederfarbenen Blüten.

Astilbe spp. (Prachtspiere, Chikade-sashi): Frosthart bis Zone 5; in fruchtbarer feuchter Erde im Halbschatten; die Zwerghybride ‚Sprite' hat im Sommer dunkle Blätter und bis 30 cm hohe rosa Blütenrispen.

Begonia grandis ssp. *evansiana* (Knollenbegonie, Shukaido): bis 50 cm; frosthart nur bis Zone 9, auch dort Winterschutz geben, bei kälterem Klima Knollen ausgraben und frostfrei überwintern; Stängel fleischig, an den Blattknoten rot überlaufen; von Sommer bis Herbst blassrote ungefüllte Blüten.

Bletilla striata (Shi-ran): etwas frostempfindlich (Zone 7); in fruchtbarer feuchter Erde im Halbschatten; sommergrüne Orchidee mit lanzettlichen Blättern; von Frühjahr bis Sommer leuchtend rosa Blüten; im Herbst mulchen oder ausgraben und trocken und frostfrei überwintern.

Clintonia udensis (Tsubame-omoto): 30 × 20 cm; frosthart bis Zone 8; in fruchtbarer neutraler bis saurer Erde im Halbschatten bis Schatten; horstartige Staude; im Sommer Trauben weißer Blütenglocken.

Disporum smilacinum (Chigo-yuri): 20-25 cm; frosthart bis Zone 6; im Halbschatten; im Frühjahr 1-2 nickende Blüten pro Stängel; in Gruppen als Unterpflanzung.

Filipendula purpurea (Mädesüß, Kyoganoko): 120 × 60 cm; frosthart bis Zone 8; sonnig oder im Halbschatten; dichtwüchsig; gezähnte Blätter; im Sommer Schirmrispen karminroter Blüten; gut am Wasser.

Gentiana makinoi (Enzian, Oyamo-rindo): frosthart bis Zone 6; in saurer Erde zwischen Steinen; sommergrün; im Spätsommer blassblaue Blüten.

Hemerocallis fulva (Taglilie, Kanzo): frosthart bis Zone 4; an sonnigen offenen Standorten, verträgt aber keine Trockenheit; halbimmergrün; im Spätsommer trompetenförmige, orangebraune Blüten.

Hepatica nobilis var. *japonica* (Leberblümchen, Yukiwari-so): Frosthart bis Zone 5; in neutralen bis alkalischen, auch schweren Böden im Halbschatten; halbimmergrün; sternförmige violettblaue Blüten im zeitigen Frühjahr oft schon vor den neuen Blättern; nicht umpflanzen; auch für Steingärten.

Iris japonica (Schwertlilie, Shaga): frosthart bis Zone 4; in feuchter Erde im Schatten; blüht von Frühjahr bis Frühsommer.

Liriope muscari (Yabu-ran): frosthart bis Zone 6; in saurer Erde im Halbschatten oder Schatten; verträgt Trockenheit; immergrün; im Herbst Ähren hell lavendelfarber Blüten; auch als Bodendecker.

Liriope spicata (Ko-yabu-ran): 25 × 45 cm; frosthart bis Zone 4; halbimmergrün; fein gezähnte, 20-40 cm lange Blätter; im Spätsommer blassviolette bis weiße Blüten.

Physalis alkekengi (Lampionblume, Hozuki): frosthart bis Zone 6; in der Sonne; im Herbst Fruchtstände leuchtend oranger „Lampions" aus den papierartigen Kelchblättern.

Platycodon grandiflorus (Ballonblume, Kikyo): Frosthärte: Zone 6-7; in fruchtbarer Erde in der Sonne; im Spätsommer öffnen sich ballonartige Knospen zu violetten Blüten.

Polygonatum falcatum (Weißwurz, Naruko-yuri): frosthart bis Zone 6; im späten Frühjahr und Frühsommer zarte grünlich weiße, nickende Blütenglocken an den Stängeln.

Tricyrtis hirta (Krötenlilie, Hototogisu): 40-100 cm; frosthart bis Zone 5; bevorzugt feuchte Erde im Schatten; horstartig wachsende Staude; von Sommer bis Frühherbst purpurn gefleckte weiße Blüten; für Gruppenpflanzung.

Wasserpflanzen

Acorus gramineus (Graskalmus, Sekisho): Bis 30 cm; frosthart bis Zone 6; für sumpfigen, Boden und Uferzonen; in der Sonne oder im Halbschatten; halbimmergrüne Staude mit schmalen, aromatischen Blättern; Zwergsorten brauchen wenig Erde, solange die Wurzeln feucht bleiben.

Iris ensata (Japanische Prachtiris, Japanische Sumpfschwertlilie, Hana-shobu): frosthart bis Zone 5; in der Sonne; Wurzeln von Frühjahr bis Herbst feucht, aber im Herbst und Winter trocken halten; nach der Blüte teilen und umpflanzen; flach in leicht saure, sumpfige Erde setzen; die prachtvollen Arten kommen im Topf am Besten zur Geltung; nicht zu viel Stickstoffdünger zusetzen.

Iris laevigata (Chinesische Sumpfschwertlilie, Kakisubata): Frosthärte: Zone 5-9; benötigt ganzjährig nasse Böden; gut geeignet für Teichstufen.

Nelumbo nucifera (Lotosblume, Hasu): verträgt keine Temperaturen unter 5 °C; in fruchtbaren Teichböden; in der Sonne; bis 80 cm breite Blätter; im Sommer gefüllte oder einfache, cremeweiße oder rosa Blüten bis 150 cm über der Wasseroberfläche; vom Frühjahr an den Wasserspiegel auf 40-60 cm bzw. für kleine Sorten auf 15-20 cm anheben; im Herbst den Wasserspiegel senken; in Frostgebieten in Töpfe setzen, im Herbst aus dem Wasser nehmen und frostfrei überwintern, aber Rhizome feucht halten.

Nymphaea spp. (Seerosen, Suiren): ausdauernde, sommergrüne Wasserpflanzen; *N. tetragona* var. *tetragona* ist nur bis Zone 9 frosthart; hat bis 5 cm große, sternförmige weiße Blüten mit gelben Staubblättern; ihr Zwerghybrid ‚Laydekerii' blüht in Rosa- und Rottönen.

gegenüber, von oben links im Uhrzeigersinn:
Skimmia japonica *‚Redruth' im Januar; Amberbaum (*Liquidambar orientalis*) im November; Flieder (*Syringa vulgaris*); Weißer Hartriegel (*Cornus stolonifera *‚Flaviramea') im Dezember.*

Unkonventionelle Alternativen

Immergrüne

Hebe cupressoides (Strauchveronika): 120 × 120 cm; frosthart bis Zone 6; schuppenförmige Blätter; Blüte von Früh- bis Hochsommer.

Myrtus communis (Myrte): 4,50-3 m; mit Winterschutz frosthart in Zone 6-8; dicht und blattreich; im Spätsommer duftende weiße Blüten, dann violettschwarze Früchte; *M. luma* ist etwas größer mit zimtfarbener abblätternder Borke.

Ozothamnus ledifolius: 1 m; mit Winterschutz frosthart bis Zone 7; rundlicher tasmanischer Strauch mit aromatischen dunkelgrünen Blättern; im Sommer weiße Blüten; *O. thyrosoides* wird bis 3 m hoch.

Pachysandra terminalis (Dickmännchen, Fukkiso): 25 × 60 cm; frosthart bis Zone 4; immergrüner Bodendecker; in leicht saurer bis neutraler Erde im Halbschatten oder Schatten, bei neutraler Erde jährlich Säuredünger zugeben; glänzende Blätter gehäuft am Ende der niederliegenden Triebe, kleine weiße Blüten; in den ersten 2-3 Jahren Spitzen beschneiden.

Ruscus aculeatus (Mäusedorn, Nagi-ikada): 50 cm; frosthart bis Zone 6; für rote Beeren sind männliche und weibliche Pflanzen erforderlich, oder selbstbestäubende Sorte wählen; auch für schattige Standorte; als Unterpflanzung oder Hecke.

Sarcococca confusa (Schleimbeere): bis 2 m; runder Strauch; im Schatten, verträgt Sonne nur in feuchter Erde; im Winter duftende, unscheinbare weiße Blüten; geeignet als unbeschnittene Hecke.

Skimmia japonica (Skimmie, Miyama-shikimi): 60-120 cm; frosthart bis Zone 7; männliche und weibliche Pflanzen für Beeren erforderlich; von Herbst bis Frühjahr giftige rote Beeren.

Laub abwerfende Sträucher

Fothergilla gardenii (Federbuschstrauch): bis 1 m; frosthart bis Zone 4; buschiger Strauch; in fruchtbarer, saurer Erde in voller Sonne; im Frühjahr noch vor den Blättern duftende, flaschenbürstenartige Blütenstände; schöne Herbstfärbung.

Liquidambar orientalis (Amberbaum): bis 6 m; frosthart bis Zone 8; langsam wachsender buschiger Baum; in saurer bis neutraler Erde in der Sonne; schöne Herbstfärbung (purpur, orange, gelb); *L. styraciflua* ‚Moonbeam' wächst noch langsamer.

Sträucher mit Blütenschmuck

Hibiscus syriacus (Roseneibisch, Mukuge): 2-5 m; frosthart bis Zone 4; aufrechter Laub werfender Strauch mit großen Blüten; in der Sonne, verträgt aber auch Schatten; schnell wachsend; oft als Hecke; in Japan beliebt für informelle Gärten; *H. mutabilis* (Eibisch, Fuyo) hat malvenartige Blüten.

Leycesteria formosa: 2 × 2 m; frosthart bis Zone 7; in der Sonne oder im Halbschatten; bildet dichte Gebüsche; von Sommer bis Frühherbst schöne weiße Blüten mit weinroten Hochblättern; in kaltem Klima vor dem Winter gut mulchen.

Syringa vulgaris (Flieder): frosthart bis Zone 4; für dichten Wuchs im ersten Spätherbst nach dem Pflanzen zurückschneiden; viele Sorten.

Gehölze mit Winterschmuck

Alnus incana (Grauerle), *Alnus glutinosa* (Schwarzerle): Frosthart bis Zone 2; viele Gartensorten für feuchte bis nasse Böden, *A. incana* verträgt auch trockeneren Boden; im Spätwinter hängende Kätzchen und kleine eiförmige, braune Zapfen; hübsches Blattwerk.

Cornus alba (Tatarischer Hartriegel): 3 × 3 m, frosthart bis Zone 3; Laub werfend; rote Zweige im Winter gut sichtbar; im Frühjahr bis zum Boden zurückschneiden; schöne Herbstfärbung.

Cornus stolonifera (Weißer Hartriegel): Frosthart bis Zone 2; Laub werfend; ‚Midwinter Fire' hat rote und gelbe Zweige, im Winter gut sichtbar; ‚Winter Beauty' hat orange Zweige.

Salix alba var. *vitellina* (Dotterweide): Laub werfender Baum; im Winter leuchtend gelbe bis orangerote Zweige gut sichtbar; ‚Britzensis' hat orangerote, ‚Chermesina' karminrote Rinde.

Salix caprea ‚Pendula' (Hänge-Kätzchenweide): 1,50-2 m; frosthart bis Zone 5; im zeitigen Frühjahr bereits vor dem Laubaustrieb graue Kätzchen; für kleine Gärten geeignet.

Viburnum grandiflorum (Schneeball): 2,50 × 2,50 m; frosthart bis Zone 6; Laub werfender Strauch; im Winter duftende, rosa überlaufene Blütenstände.

Wildstauden

Astrantia major (Große Sterndolde): 30-90 cm; frosthart bis Zone 7; horstartig wachsende Alpenstaude; in fruchtbarer feuchter Erde in der Sonne oder im Halbschatten, verträgt es aber auch trockener; von Früh- bis Spätsommer, manchmal auch später, blassrosa Blütenköpfchen mit weißen Hochblättern; *A. maxima* (Sterndolde) ist etwas größer.

Kirengeshoma palmata (Ki-renge-shoma): 60-120 cm; frosthart bis Zone 5; horstbildende Staude; in feuchter, saurer Erde im Halbschatten; breite gelappte Blätter; an schlanken Stängeln blassgelbe nickende Blüten; mit Laub mulchen.

Meconopsis cambrica (Scheinmohn): frosthart bis Zone 4; gelbe, orange oder rote Blüten; wächst an trockenen Plätzen, etwa unter Hecken; sät sich leicht selbst aus.

Trillium grandiflorum (Dreiblatt): frosthart bis Zone 5; die große, weiße Waldlilie Nordamerikas; *T. kamtschaticum* (Dreiblatt, Enrei-so): bis 20 cm hoch; in fruchtbarer feuchter, saurer bis neutraler Erde im Schatten; in Japan heimische Art; im Frühjahr 3-zählige, violett überlaufene Blüten.

Blattschmuckpflanzen

Chamaemelum nobilis ‚Treneague' (Römische Kamille): frosthart bis Zone 4; nicht-blühende Sorte; geeignet als Bodendecker.

Festuca glauca (Blauschwingel): frosthart bis Zone 4; immmergrünes, dichte Horste bildendes Gras; nadelförmige blaugrüne, bis 20 cm lange Blätter.

Helictotrichon sempervirens (Wiesenhafer): frosthart bis Zone 6; immergrünes Gras; in gut durchlässigem, alkalischem Boden in der Sonne; dichte Horste; graublaue, bis 25 cm lange Blätter.

Heuchera cylindrica (Purpurglöckchen): 30-50 x 30 cm; frosthart bis Zone 4; in feuchter, gut durchlässiger neutraler Erde in der Sonne, im Halbschatten oder Schatten; Staude mit rund gelappten, dunkelgrünen Blättern; von Frühjahr bis Sommer cremefarbene Blütenrispen; auch *H. micrantha*; viele Sorten, bes. ‚Pewter Moon'.

Phormium tenax (Neuseeland-Flachs): mit Winterschutz frosthart bis Zone 7; immergrüne, horstbildende Staude mit steif aufrechten, bis 3 m langen linealen Blättern; viele panaschierte Sorten.

Phuopsis stylosa: 15 x 50 cm; frosthart bis Zone 6; guter Bodendecker für trockenen Boden; wächst langsam; rundliche Köpfe aus rosa Blüten; *P. s.* ‚Purpurea' hat rote Blüten.

Thymus serpyllum (Feldthymian): 25 x 45 cm; frosthart bis Zone 5; Bodendecker; in durchlässiger magerer Erde in der Sonne oder im Halbschatten; für dichten Wuchs kräftiger Rückschnitt im Frühjahr.

Yucca gloriosa (Palmlilie): 1,50 m; mit Winterschutz frosthart bis Zone 9; auffälliger Strauch; braucht Sonne und besonders im Winter gut durchlässige Erde; lanzettliche steife Blätter; von Spätsommer bis Herbst Rispen weißer Blütenglocken; für große Gärten.

Wasserpflanzen

Iris pseudacorus (Sumpf-, Wasserschwertlilie): 90-150 cm; frosthart bis Zone 5; wüchsige heimische Iris, von Hoch- bis Spätsommer gelbe Blüten.

Iris versicolor (Amerikanische Sumpfschwertlilie): 35-60 cm; frosthart bis Zone 7; Blüte von Früh- bis Hochsommer; *I. virginica* (Schwertlilie) ist kälteempfindlicher.

Lysichiton camtschatcensis (Scheinkalla, Mizubasho): bis 75 cm breit; frosthart bis Zone 6; ausdauernde Wasserpflanze mit weißen Blütenscheiden im zeitigen Frühjahr.

gegenüber, von oben links im Uhrzeigersinn:
*Scheinmohn (*Meconopsis cambrica*); Wasserschwertlilie (*Iris pseudacorus*); Palmlilie (*Yucca gloriosa*); Dreiblatt (*Trillium grandiflorum*).*

Frosthärte-zonen

West- und Mitteleuropa

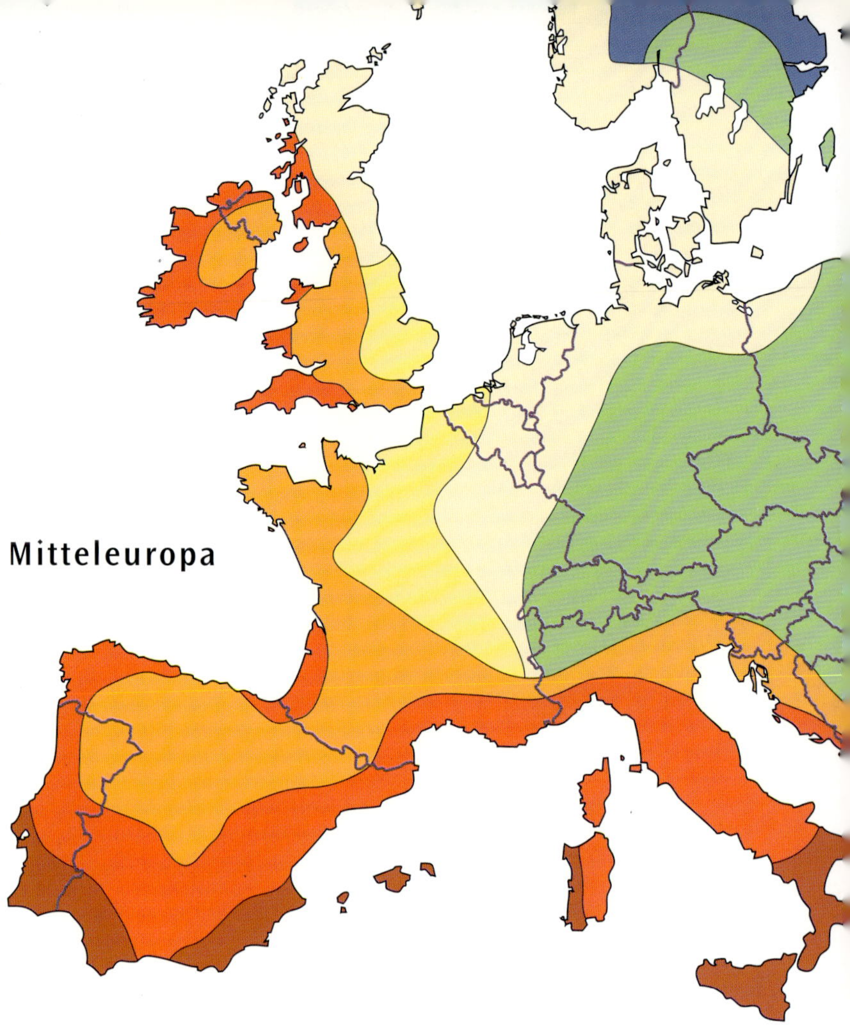

Südafrika

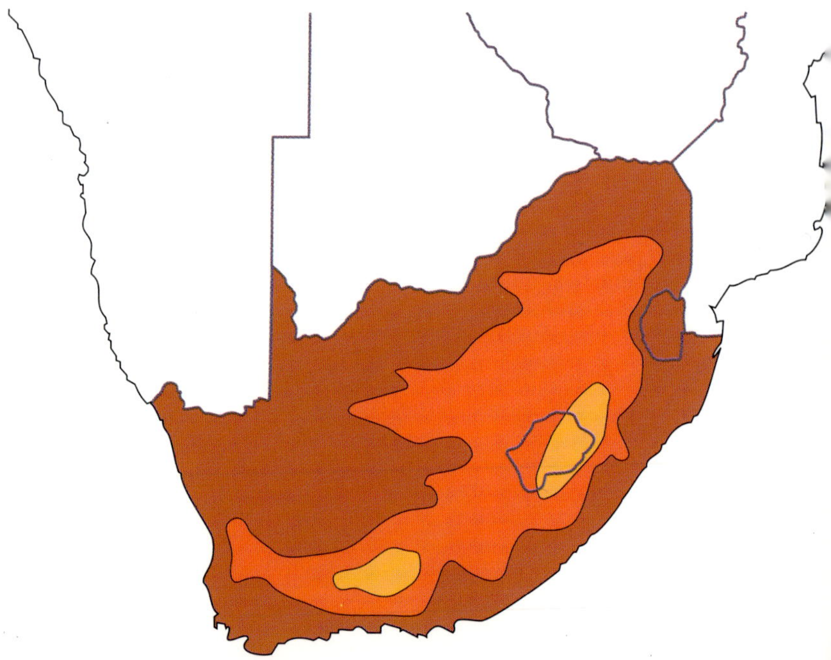

Zone 1	unter -45°C
Zone 2	-45°C bis -39°C
Zone 3	-39°C bis -35°C
Zone 4	-35°C bis -29°C
Zone 5	-29°C bis -23°C
Zone 6	-23°C bis -18°C
Zone 7	-18°C bis -12°C
Zone 8	-12°C bis -6°C
Zone 9	-6°C bis -1°C
Zone 10	-1°C bis 4°C

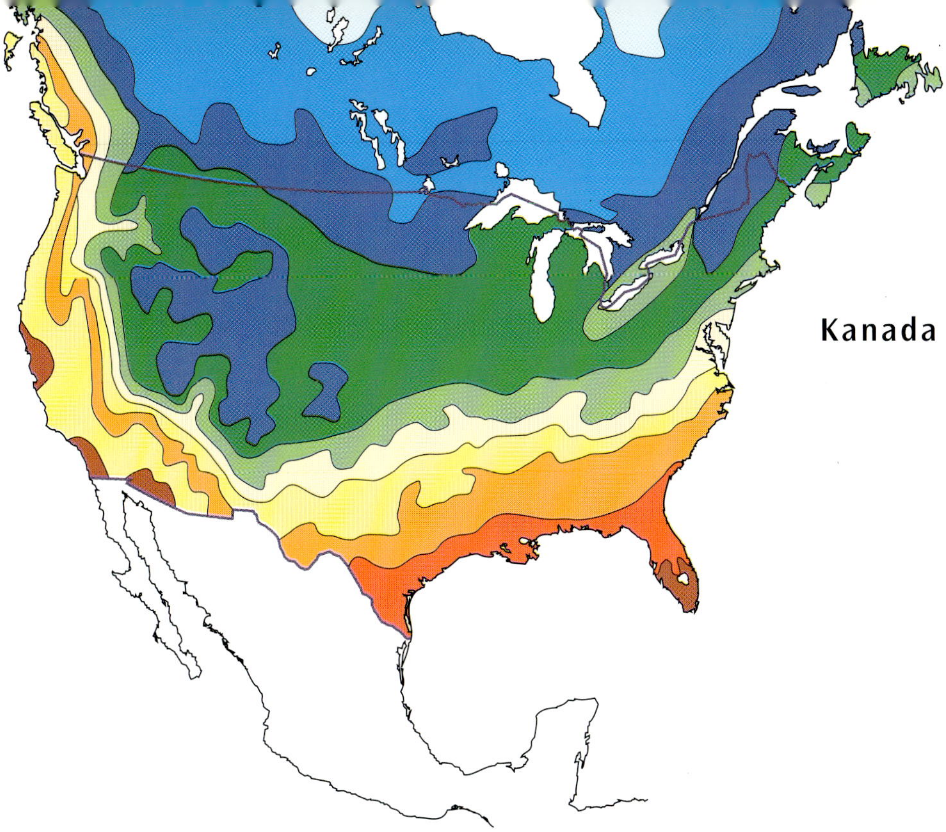

Kanada und die USA

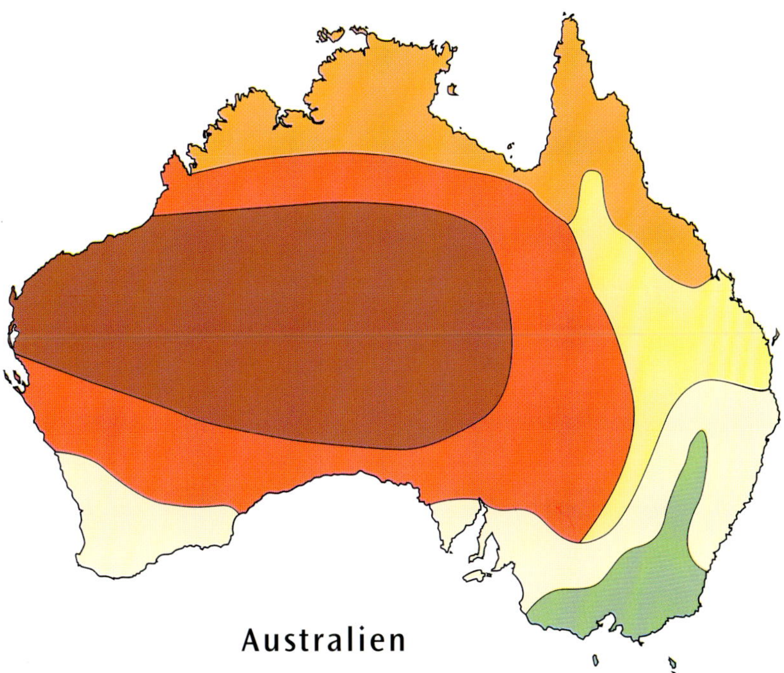

Australien

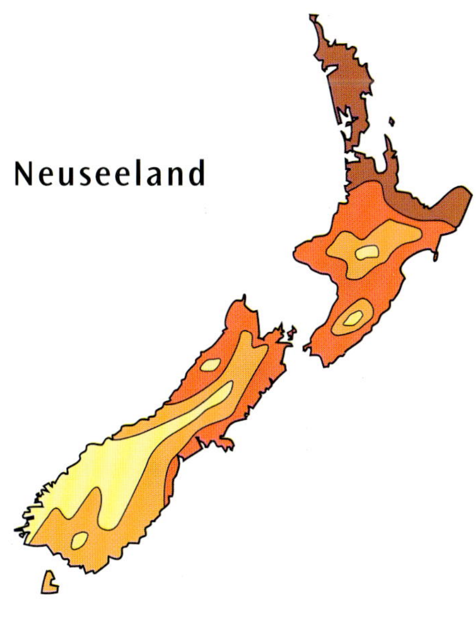

Neuseeland

Literatur

Albright, Bryan. Path through the Japanese Garden. Marlborough/Wiltshire, 2000.
Benz, Willi. The Art of Suiseki. Classic Japanese Stone Gardening. New York, 1999.
Berthier, François. Reading Zen in the Rocks: The Japanese Dry Landscape Garden. Chicago, 2000.
Borja, Erik und Maurer, Paul. Zen-Gärten. Gärten gestalten im japanischen Stil. München, 2000.
Brown, Kendall und Levick, Melba (Fotografin). Japanese Style Gardens Pacific Westcoast. New York, 1999.
Carver, Norman. Form and Space in Japanese Architecture and Gardens. Kalamazoo/Michigan, 1991.
Cave, Philip. Creating Japanese Gardens. London, 1996.
Crouzet, Yves. Bambus. Köln, 1998.
Engel, David H. Thousand Mountains, a Million Hills: Creating the Rock Work of Japanese Gardens. Tokio und New York, 1995.
Fujioka; Michio. Japanese Residences & Gardens: A Traditon of Integration. Tokio,1995.
Glattstein, Judy u.a. Enhance Your Garden with Japanese Plants. A Practical Sourcebook. Tokio und New York, 1996.
Gustafson, Herb L. The Art of Japanese Gardens. Designing & Making Your Own Peaceful Space. New York, 1999.
Hamilton, Bruce Taylor. Human Nature: The Japanese Garden of Portland, Oregon. Portland, 1996.
Harte, Sunniva. Zen Gardening. New York, 1999
Hearn, Lafcadio: In einem japanischen Garten. Stuttgart, 1990.
Inaji, Toshiro. The Garden As Architecture: Form and Spirit in the Gardens of Japan, China, and Korea. Tokio, 1998.
Itoh, Teiji. Die Gärten Japans. Köln, 1985.
Japanese Garden Research Association (Hrsg.). Japanische Gartengestaltung. Create Your Own Japanese Garden. Deutsch-Englisch. Düsseldorf, 1999.
The Japanese Garden Society of Oregon. Oriental Gardening. New York, 1996.
Keane, Marc P. und Haruzo Ohashi (Fotograf): Gestaltung Japanischer Gärten. Stuttgart, 1999.
Klingsick, Judith. A Japanese Garden Journey: Through Ancient Stones and Dragon Bones. Owing Mills / Maryland, 1999.
Moore, D. The Zen Gardening Kit / Book and Japanese Rock Garden. Philadelphia,1992.
Nitschke, Günter: Japanische Gärten. Köln, 1999.
Ohashi, Haruzo (Fotograf). The Japanese Garden: Islands of Serenity. Tokio, 1997.
Recht, Christine; Wetterwald, Max-Felix; Simon, Werner. Bambus. Stuttgart, 1994.
Sawano, Takashi. Creating Your Own Japanese Garden. Tokio und New York,1999.
Schaarschmidt-Richter, Irmtraud. Gartenkunst in Japan. Von den Anfängen bis Heute. München, 1999.
Scott, David (Hrsg.). Zen, Interieurs & Gärten. München, 1999.
Seike, Kiyoshi; Masanobu, Kudo; Engel, David. A. Japanese Touch for Your Garden. Tokio und New York, 1993.
Seitz, Rudolf: Was ist der Weg, er liegt vor deinen Augen. Zen-Meditation in japanischen Gärten. Mit Beitr. v. Kim-Lan Thai u. Masao Yamamoto. München, 1985.
Slawson, David A. Secret Teachings in the Art of Japanese Gardens. Tokio und New York, 1991.
Suzuki, Daisetz Teitaro. Zen und die Kultur Japans. München, 1994.
Toshitsuna, Tachiban. The Art of the Japanese Garden. London, 2000.
Vertrees , J. D. Japanische Ahorne. Stuttgart, 1993.
Wachtmann, Hans-Günter. Daisen-In. Ein Zen-Tempel des 16. Jahrhunderts in Kyoto. München, 2000.
Yamashita, Michael S. (Fotograf) und Elizabeth Bibb. In the Japanese Garden. Golden/Colorado, 1996.
Yoshikawa, Isao. Japanese Gardening in Small Spaces. Tokio,1997.

Inspirierende Gärten

Falls Sie sich als Liebhaber Japanischer Gärten mit Gleichgesinnten zusammen tun wollen, wenden Sie sich bitte an folgende Clubs und Vereine:

Japanischer Garten Kaiserslautern e.V.,
Präsident: Volker Menzel, Schulstr. 35,
67222 Winnweiler, Tel. (06302) 427.

Bonsai-Club Deutschland e.V.,
Geschäftsführer: Manfred Meimberg, Postfach 10 16 48,
44606 Herne, Tel. (02323) 941-121.

Vereinigung Schweizer Bonsai-Freunde (VSB),
Präsident: Hans Deak;
Postfach, CH-5107 Schinznach Dorf.

Bonsai und Saikai Club Graz-Austria,
c/o Dr. Werner Emberger, Opernring 14,
A-8010 Graz, Tel. (0043 316) 84 24 06.

Deutschland:

Augsburg: Japanischer Garten im Botanischen Garten, Tel. (0821) 56 33 64.

Bonn: Japanischer Garten im Freizeitpark Rheinaue, Tel. (0228) 77 50 00.

Düsseldorf: Japanischer Garten im Nordpark, Tel. (0211) 89-9 38 19.

Hamburg: Japanischer Garten im Botanischen Garten des Instituts für Allgemeine Botanik, Tel. (040) 82 28 24 76.

Kaiserslautern: Japanischer Garten auf dem Gelände der Landesgartenschau 2000, Tel. (0631) 365-23 17, -23 16; (0631) 1 94 33.

Köln: Japanischer Garten im Museum für Ostasiatische Kunst, Tel. (0221) 94 05 18-0.

Leverkusen: Japanischer Garten im Carl-Duisberg-Park, Leverkusen-Wiesdorf, Tel. (0214) 406-33 07.

München: Japanischer Garten im Westpark auf dem Gelände der Internationalen Gartenausstellung (IGA) 1983, Tel.: (089) 233 - 2 09 00.

Österreich:

Wien: Setagayapark in Wien-Döbling, Tel. (0043 1) 6 88 11 70.

Wien: Takasakipark im Kurpark Oberlaa, Tel. (0043 1) 6 88 11 70.

Wien: Japanischer Garten im Schloßpark Schönbrunn, Tel.: (0043 1) 8 77 50 87-0.

Schweiz:

Boswil/Aargau: Privatgarten von Pius Notter, Chäsiweg 3, Tel. (0041 56) 6 66 24 20. Besuch nur nach telefonischer oder schriftlicher Anmeldung; Fax (0041 56) 6 66 12 92.

Genf: Japanischer Garten der World Health Organization Headquarters, Tel. (0041 22) 7 91 21 11.

Bezugsquellen & Händleradressen

Gartenplanung und -gestaltung:

Bonsai-Veith, Mannheimer Str. 401,
69047 Heidelberg, Tel. (0172) 6 20 54 65

Hellenkamp + Kitagawa, Walchstadter Str. 39,
82057 Icking, Tel. (08178) 90 53 67

Österreich:
Bonsai-Zentrum Radenthein, Obertweg 12,
A-9545 Radenthein, Tel. (0043 4246) 31 14

Schweiz:
Bonsai Garten, Hardstr. 79, CH-4052 Basel,
Tel. (0041 61) 3 12 80 08

Pius Notter, Chäsiweg 3, CH-5623 Boswil,
Tel. (0041 56) 6 66 24 20

Andreas Langsdorff, Bergacherstr. 31 a,
CH-8630 Rüti, Tel. (0041 55) 2 40 31 58

Natursteine:

Meures Naturstein GmbH, Siemensstr. 1-5,
52538 Tüddern, Tel. (02456) 31 28

Das SteinReich, Erbachhof 1, 71336 Waiblingen-Neustadt, Tel. (0715) 92 02 09

Bollinger, Bachstr. 4, 82380 Peißenberg,
Tel. (08803) 615-207

Steinlaternen:

Koi Land Higoi, Jürgen Minx, Beckumer Str. 24,
13507 Berlin, Tel. (030) 4 32 70 97

Bonsai Park, Schlosserstr. 14,
42899 Remscheid, Tel. (02191) 59 05 70

Bonsaizubehör, Wolfgang Dahler, Alfons-Flügel-Str. 1 d,
70794 Filderstadt, Tel. (0711) 77 49 94
(Steinfiguren und -laternen)

Bollinger, Peißenberg
(siehe oben)

Kasuga Steinlaternen, Robert Schweitzer,
88433 Schemmerhofen-Grafenwald
Tel. (07356) 47 76

Schweiz:
Pius Notter, CH-Boswil
(siehe oben)

Teiche und japanische Wasserspiele:

Koi Land Higoi, Berlin
(siehe oben)

Teichbau Löchteken, Am Hagen 32, 46286 Dorsten-Lembeck, Tel. (0 23 69) 7 60 80

garten- und landschaftsbau, Raimond Mesenbrink,
Rotbachstr. 58, 54295 Trier, Tel. (0651) 9 93 03 53
(Teichanlagen und Bachläufe)

Kirchner, Garten & Teich, Espenschieder Weg 1,
65321 Heidenrod, Tel. (06775) 92 92
(Bachläufe, Wasserfälle und Teiche)

Schweiz:
Bonsai Garten, CH-Basel
(siehe oben)

Neogard AG, CH-5728 Gontenschwil,
Tel. (0041 62) 7 67 00 50

Brücken, Stege und Holzdecks:

Teichbau Löchteken, Dorsten
(siehe oben)

Werth-Holz, Therecker Weg 1,
57413 Finnentrop, Tel. (02395) 18 92 22
und
Kreuzweg 4, 99869 Grabsleben b. Erfurt,
Tel. (036202) 84 70

Pflanzen:

piccoplant, Mikrovermehrungen, Brokhauser Weg 75,
26129 Oldenburg, Tel. (0441) 9 69 80-0
(Rhododendren, Azaleen und Flieder; Versand)

Baumschule H.J. Höpken, Woldlinie 31,
26160 Bad Zwischenahn, Tel. (04486) 361
(Formpflanzen, Big Bonsai, Bambus)

Helmers Baumschulen, Grüne Str. 9,
26655 Westerstede, Tel. (04488) 847 50
(Wertvolle Nadelgehölze, Laubgehölze & Bambus,
Ericaceaen wie Rhododendron, Azaleen u.a.; Versand)

Bonsai Börse Bremen, Bernward Wagner, Wyck-Str.11,
28213 Bremen, Tel. (0421) 21 98 42

Bambus-Informationszentrum, K. Steckhan – F. Vaupel,
Ramhorster Str.1, 31275 Lehrte-Steinwedel,
Tel. (05136) 57 42
(Bambuspflanzen und -rohre; Versand)

BlütenBlatt Staudengärtnerei, Matthias Großmann,
Seeangerweg 1, 31787 Hameln,
Tel. (05151) 92 49 25
(panaschierte und gefüllt blühende Stauden; Versand)

garvita AG, Comeniusstr. 1, 40545 Düsseldorf,
Tel. (0211) 57 79 25-0
(Bambus, Bodendecker, Farne, Gräser, Laubgehölze,
Nadelgehölze, Rhododendron, Azaleen u.a.; Versand)

Bonsai Park, Remscheid
(siehe oben)
(Bambus und Bonsai)

Baumschule Franz Bellinghausen, Dollendorferstr. 230,
53639 Königswinter-Thomasberg, Tel. (02244) 65 28
(Gehölze, Bambus)

Baumschule Kurrle, Murgtalstr. 4 / An der B3,
76316 Malsch/Neumalsch, Tel. (07246) 65 51
(Heckenpflanzen, Bodendecker, Rhododendron und
Azaleen, Laub- und Blütengehölze, Koniferen, Solitärbäume, winterharte Blütenstauden, Japanische
Ahorne, Bambus, Big Bonsai u. a. Raritäten)

Bambus-Centrum Deutschland, Baumschule Eberts,
Saarstr. 3-5, 76532 Baden-Baden, Tel. (07221) 50 74-0
(Bambuspflanzen und -rohre; Versand)

Raritäten-Gärtnerei Treml, Eckerstr. 32,
93471 Arnbruck, Tel. (09945) 90 51 00
(Versand)

Österreich:
Bonsai-Zentrum Radenthein
(siehe oben)

Ludwig Starkl GmbH, Paul Heysegasse 1-7,
A-1110 Wien, Tel. (0043 1) 767 48 40
(weitere Filialen in Aschbach, Tulln/Frauenhofen,
Vösendorf)

Praskac Pflanzenland, Praskacstr. 101-108,
A-3430 Tulln/Donau, Tel. (0043 2272) 62 46 00

Schweiz:
Bonsai Garten, CH-Basel
(siehe oben)

Pius Notter, CH-Boswil
(siehe oben)

Vivaio Baumschule, Otto Eisenhut,
CH-6575 San Nazarro/Tessin; Tel. (0041 91) 7 95 18 67
(400 Magnoliensorten, 600 Kameliensorten, 35 Cornussorten u.a.)

mercato verde, Gürtelstr. 41,
CH-7000 Chur, Tel. (0041 81) 284 88 83
(Kamelien, Bambus; Versand)

Garten-Center, Ernst Meier AG, Guldistudstr. 15,
CH-8632 Tann, Tel. (0041 55) 251 71 71

Gartencenter First, Pfäffikonerstr. 90,
CH-8808 Pfäffikon, Tel. (0041 1) 786 30 20
(Bonsai und Bambus)

Sumpf- und Wasserpflanzen:

Petrowsky, Sumpf- und Wasserpflanzen,
Aschauteiche, 29348 Eschede, Tel. (05142) 803

Stauden Junge, Seeangerweg 1, 31787 Hameln,
Tel. (05151) 34 70

Hubert Bosch, Blumen für Haus und Garten,
Geisenheimer Str. 60, 65385 Rüdesheim,
Tel. (0 67) 22 90 04-0

Seerosen-Farm, Erhard Oldehoff, Sieglmühle 2,
94051 Hanzenberg, Tel. (08586) 16 93

Fotonachweis & Danksagung

Garden Picture Library: David Askham 106-107; Mark Bolton 125or; Philippe Bonduel 131or; Brian Carter 137ol; Christi Carter 127or, 129ol; Eric Crichton 137or; John Glover 131ul, 131ur, 135ol; Sunniva Harte 137ur; Neil Holmes 127ol; Lamontagne 107r, 125ol, 129ur; John Neubauer 125ul; Joanne Pavia 40; Howard Rice 127ul, 135or, 135ur; Gary Rogers 104; JS Sira 133ol; Ron Sutherland 16, 56, 120-121, 122-123; Juliette Wade 135ul; Rachel White 3. **Jerry Harpur:** 11, 13, 18-19, 21, 25, 26, 29, 32, 35, 36, 37, 47, 55, 62-63, 69or, 66ul, 70, 71, 73o, 73u, 76, 79, 82-83, 85, 93, 96, 100, 103, 108, 109, 110, 114; Des. MP Keane 57, 58-59; Des. Jeff Mendoza 38; Mrs Pomeroy, CA 44, 61, 66, 69ol, 92; Terry Welch 9, 95. **Sunniva Harte:** 1, 20, 28, 34, 45, 52, 84, 86, 87. **Anne Hyde:** 14. **JTB Photo Library:** 24. **Marc Peter Keane:** 46a. **Andrew Lawson**: 22, 64-65, 67, 74, 98, 105, 111. **Marianne Majerus:** Des. Peter Chan und Brenda Sacoor 27, 39, 81. **Kazuo Mitsuhashi:** 77, 99, 102. **Clive Nichols:** 6-7, 12, 15, 75, 129or; Des. Richard Coward 90; Des. Dowle & K Ninomiya 4, 88; Des. Robert Ketchell & Eileen Tunnell 119. **Katsutoshi Okada:** 30-31, 48-49, 51, 54. **Photos Horticultural:** 125ur, 127ur, 129ul, 131ol, 133or, 133ul, 133ur, 137ul. **David Scott:** 41, 69ur. **Tony Stone Images:** David Ball 8. **Patrick Taylor:** 113. **Pamla Toler:** Des. Paul Sheppard 59r, 60 (Des. Paul Sheppard, K. Wood). **Elizabeth Whiting & Associates:** 42, 50, 94. **Isao Yoshikawa:** 115, 116, 117

Zu besonderem Dank verpflichtet bin ich Yvonne McFarlane von „New Holland Publishers", die mir Gelegenheit gab, ein Thema zu bearbeiten, dass mich sehr beschäftigt hat, seit ich zum ersten Mal vom Binnengarten meines Großvaters erfuhr. Anke Ueberberg und Cristine Rista von „New Holland Publishers" danke ich für die Hilfe bei der Zusammenstellung des Buches. Die Zuammenarbeit mit dem Designer Grahame Dudley und der Illustratorin Sandra Pond war mir ein Vergnügen. Ohne das sorgfältige Lektorat von Sandra Raphael hätte dieses Buch nie Gestalt angenommen. Ihr Rat und ihre Unterstützung waren mir eine wertvolle Hilfe.
Ich danke den Fotografen, die ihre Arbeiten zur Verfügung stellten und den Besitzern und Planern der bemerkenswerten Gärten, die ich den Lesern hier vorstellen durfte. Mike und Alice Sharland stärkten mein Selbstvertrauen für dieses Projekt. Abt Shando Maeda vom Garten Zuiho-in des Tempels Daitoku-ji in Kyoto und Herr und Frau Toshifumi Saimon haben ihr umfassendes Wissen über Gärten und japanische Architektur großzügig mit mir geteilt. Tiefen Dank schulde ich meinen Eltern, nicht zuletzt für die Beschaffung von schwer greifbarem Referenzmaterial. Ohne ihre Unterstützung hätte ich das Buch nicht schreiben können. Schließlich danke ich auch meinem Ehemann für seine Begeisterung, seine Geduld und das Vertrauen, das er in mich gesetzt hat.

Titel der englischsprachigen Originalausgabe:
Serene Gardens. Creating Japanese Design and Detail in the Western Garden
First published in Germany by DuMont Buchverlag, published in the United Kingdom by New Holland Publishers (UK) Ltd.

Aus dem Englischen von Marianne Kurda
Redaktion und Satz: Wallstein Verlag GmbH, Göttingen

Designer: Grahame Dudley
Editor: Sandra Raphael
Projekt Editor und Bildrecherche: Christine Rista
Assistenz Editor: Anke Ueberberg
Leiterin Editorial Department: Yvonne McFarlane

Printed and bound in Singapore
ISBN 3-7701-5343-X

Personen- & Sachregister

Zur Beachtung: Kursive Seitenzahlen verweisen auf Abbildungen.
Im Japanischen wird der Familienname dem Vornamen vorangestellt.

Pflanzenregister